Renovation & DIY
textbook for
decorate your
own style

限られた予算で家・部屋・店舗を
自分スタイルに変える内装のアイデア

セルフ リノベーションの 教科書 Premium

坂田夏水

誠文堂新光社

はじめに

食べものは身体を。
着るものは個性を。
家は人生をつくると思っています。
あなたの家はどんな家ですか？

私は家を住み替えるのが大好きで、新築も中古も、一戸建てもアパートも経験してきました。ある時は築年数１００年近い庭付き古民家を手に入れ、ジャッキアップして建物の歪みを直し、床壁はセルフリノベーションをして住める状態に。またある時は都会に中古マンションを買い、間取りや設備を一新するフルリノベーションをして住んでいました。そして今は賃貸の一戸建てに。普通の白い家ですが、子どもと壁紙を貼ったり棚をつけたりして日々のアップグレードを楽しんでいます。家賃や不動産価格の差があっても、どの家も優越付け難く大好きです。

あなたの家は何色が似合う？と聞かれて答えられますか？
隣家と同じ間取りで同じ色の床壁、色違いのソファを同じ位置に置いていたりしませんか？もちろん、そうであっても悪いことではないし、新築が当たり前の日本ではよくあること。新築で憧れのマイホームを買って、解体するまで同じ床材壁紙、という家もたくさんあります。でも、それでは家もかわいそうだし、せっかくの空間を楽しまないのはもったいないと思いませんか？

壁の一面が好みの色柄になるだけで、いつものキッチンの扉の取っ手がかわいくなるだけで、日々の暮らしが楽しくなって愛着が持てるよう

になります。インテリアはファッションと一緒で、壁紙はワンピースの色柄、コート掛けはジュエリーと考えると、選ぶのも簡単になります。着るものと同じくらい、住まいも楽しんでほしい、そんな想いからセルフリノベーションを推進しています。

「セルフリノベーション」とは、「塗る」「貼る」「つける」「飾る」という4つのシンプルなステップでできます。自分でＤＩＹする、職人さんに一部依頼するなど様々なセルフリノベがあります。

やっと日本でも、ツルツルピカピカの新築志向ではなく、古き良きを楽しみ、自分好みの家づくりができるようになってきました。賃貸物件でもＤＩＹ賃貸・原状回復義務なしが広まり、日本の不動産業界が変わろうとしています。これからは、もっと住まい手のニーズを叶える、住まい手にとっての豊かな生活を第一に考えた建物が選ばれる時代になると思います。

自分のために柄を選んだり、うちの家族は何色の壁が似合うのかな？と考えたりしてみて下さい。

住まいは、手入れをすることで年月を経るごとに美しく成長していくものです。住まいへの愛情を込めて、造り手も住み手も暮らしを豊かにする方法をひとつでもこの本を通して見つけてもらえると嬉しいです。家への愛情は人生への愛着。家を楽しめる人がもっと増えることを願っています。

坂田 夏水

CONTENTS

塗る・貼る・つける・飾る
セルフリノベーションのDIY

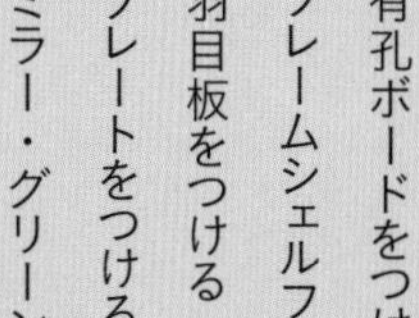

PART 3
SNSも活用して情報収集！ 施主支給を取り入れた家づくり

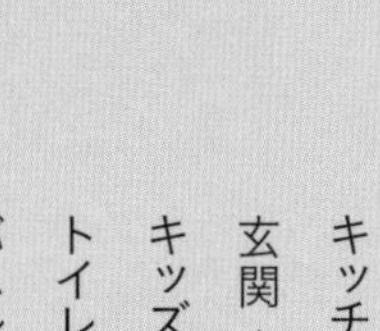

PART 4

お客様に喜ばれる 店舗のセルフリノベーション

PART 5

パーツ別 リノベ資材の種類と選び方

PART 6

賃貸のためのセルフリノベーション

Part.1

セルフリノベのルール

セルフリノベーションをする際はテーマ（スタイル）を設定し、そのテーマに沿ったルールに則って内装材を決めたり、照明や家具などをコーディネートしたりします。ここでは、実際に夏水組が手がけた「アーバンヴィンテージ」「和モダン」「ミックス」「クラシック」の4つの事例をご紹介。さらに、7つのスタイルごとのルールをピックアップ。さまざまな部屋の事例から、あなたの部屋のスタイルにとって参考になるものを見つけてください。

sample1

グレートーンをベースにダークウッドを組み合わせたアーバンヴィンテージスタイル

東京・LANDLIFE 調布国領

ドアや扉をアクセントカラーのダークネイビーに

ゆったりとした敷地に建てられた築25年ほどのレトロモダンなマンション。敷地内には豊かな緑がある、落ち着いた暮らしを実現できる住まいです。ここで「夫婦や家族で外の景色を見ながらゆっくり過ごせる家」をテーマに提案したのがアーバンヴィンテージスタイルでのリノベーションでした。

天井や壁のクロスには真っ白を使わず、グレートーンをベースに。そこに家具や棚板などで木目を入れます。この家では木目はダークウッド

リビングテーブルの天板は床色に合わせたダークウッド系のものをチョイスすると部屋が広く見えます。金物部分はさびたアイアンや真鍮などを選びます。

を採用し、リビングの床も赤味をおさえたダークウッドに。それに合わせて、家具や棚板もダークウッドのものを選んでいます。木目の色味を合わせるのは難しいですが、ウッドの中にある赤味や黄味などといった色味を合わせるのがコツです。

さらに色をプラスするときは、動くものや広い面積の部分にアクセントになる色を加えます。この家の場合、ダークネイビーをプラス。リビングの大きな引き戸や、寝室のクローゼット扉、廊下と洗面所の間のガラス入りの間仕切り壁など。アクセントになる色はダークな色を選ぶと、引き締まった印象になります。

グレートーン+ダークウッド
がベース。照明は低い位置に

棚をつけた面の壁はウィリアム・モリスの白・ベージュ・ゴールドが使われた壁紙を使用。ソファや棚板などは床に合わせてダークウッドを使いました。ヴィンテージスタイルの照明にはブラケットライトやスタンドライトなどを使い、明かりの高さを低くするのがコツです。

広い面積の部分に
ダークネイビーでアクセント

主寝室はリビングよりも明るめの空間に。大きなクローゼットの扉はダークネイビーにしてアクセントにしています。寝室は雰囲気のあるペンダントライトにし、できるだけベッドの上にくるようにします。

壁紙はすべてがグレー一色だとぼんやりするので、ストライプで爽やかさをプラスし、腰壁をダーク色にすることで空間を引き締めています。ベッドサイドにはスタンドライトを。

この家はパナソニックのドアシリーズ「ベリティス クラフトレーベル」を採用。壁にダークネイビーを使ったところにはあとで塗装して模様替えもできるワイルドオークを使いました。

ライトやスイッチは
アンティーク風を取り入れる

壁に取りつけるブラケットライトは、内装工事の前に高さや位置を指定する必要があります。低めの灯りがポイントになるヴィンテージスタイルの場合は、早目にライトの位置を決めましょう（写真上右・上左）。

アーバンヴィンテージスタイルにはスイッチやコンセントもクラシックなものを選ぶのがおすすめ。ここではパナソニックの「クラシックシリーズ」を採用。壁の素材を選ぶのと同じくらいスイッチやコンセントにこだわると楽しい家づくりができます。最近では価格の安定している国産品でもこういったスタイルのものが選べるようになりました（写真下）。

壁を作ってしまうと明るさや広さが十分取れないようなスペースには、ガラス入りのパーテーションのような壁を設けるのもアイデア。ドアと同じダークネイビーで統一感を持たせながら、圧迫感なく広く見せることができます。

窓がない部屋は
ベースクロスを明るめに

どの部屋もグレートーンをベースにしていますが、窓がないこの洗濯室はベースクロスを明るい柄物に、ドアをグレーにしてバランスを取っています。ここでも木目はダークウッド、金物はアイアンを採用。家事テーブルはアイロンをかけたり、洗濯物を畳んだりできるので、設けておくととても便利です。

sample2

古き良き時代の香りをできるだけ残してリノベーションした和モダンの古民家

北九州・若松　古民家

高台にあり、母屋と離れがある洋館つきの家。現在は手離していて所有権はないが、リノベーションしたときのまま残っている母屋を中心に撮影しました。

歴史的な洋館付加住宅をプロの手も借りながら修繕

坂田夏水が購入してリノベーション、2年半ほど住んでいた築100年の古民家。高台に建つこの建物は昭和初期に全国に数多く建てられた洋館付加住宅と呼ばれるもの。ベースは和風住宅ですが、多くは玄関脇に小さな洋館（洋室）がついているのが特徴の和洋折衷住宅です。

見晴らしがよく、1階にも2階にも広縁（幅の広い縁側）があって風通しもいい高台の家。当時は家自体が傾いていたり、畳が腐っていたりと人が住める状態ではありませんで

大胆な襖紙を貼って モダンな和室に

二間続きの和室を区切る襖は襖紙を張り替え。４枚襖の場合はすべて同じ柄にすることが多いのですが、中央の２枚を「月に鶴／朱」、外側２枚を「獅子地紋／藍鼠」にしました。

した。ジャッキアップして歪みを直したり、畳を剥がして床下地から大工さんに入ってもらいフローリング張りにするなど、大規模なリノベーションで古き良き日本の家を楽しめる家に作り替えられました。

　できるだけ元のまま、崩れ落ちた土壁を塗り替えたり、縁もろともボロボロの襖はガラス入りの引き戸にしたり、破れた襖を変えたりといったセルフリノベも加えながら、和モダンな家に。中には和風の家に使うとは思えないような素材も取り入れましたが、不思議としっくり合います。色のトーンが同じだったり素材を選ぶことで、違和感なく取り入れる事ができました。

床と戸を変えるだけで「古い」を「おしゃれ」に

フローリング敷きにした2階の二間の間の襖は取り払い、レールを敷いてパナソニックの扉シリーズ「クラフトレーベル」の引き戸をペイントして入れました。床と襖以外は何も壊さずにそのままです。

引き戸で区切られた二部屋のうちの一つ、6畳の和室。襖紙は「毘沙門亀甲／黒」に張り替え。照明はトルコランプのアンティークものを合わせたら、和の雰囲気にしっくりきました。

土壁のリノベには同じ土壁（漆喰）を使う

家自体が歪んでいて、もっとも傾いていた部屋の床の間。ジャッキアップして傾きを直した際に床の間の土壁が崩れてしまったため、光沢感のある漆喰「ベネチアンプラスター／ブラウン」を塗ったら素敵な空間に生まれ変わりました（写真左はジャッキアップの様子）。

1階の広縁。木製のサッシが使われた窓は、前のオーナーが40年ほど前に作り直させたもの。すでにアルミサッシもあった時代、あえて木製にしたそうで、家への愛が感じられます。

玄関から入ってすぐのところにある洋館（洋室）は応接室として使われた部屋。組天井や腰板、カーテンボックスなど和室にはないしつらえをそのまま生かして住みました。

玄関の下駄箱と洋館へ入るドアは重厚な木製のもの。ドアは一枚板でエッチング加工されたガラスが入っています。洋館の床は当時では大変珍しい無垢材のヘリンボーン柄。高度な技術を持って作られているのがわかります。

キッチン＆ダイニングの壁は娘と一緒にペイントを楽しみました。ダイニングテーブルの位置にミラーを飾って、部屋が広く、明るく見えるように。

昔の台所は床が下がっていたため、床の高さを廊下と同じにしてもらい、クッションフロアを貼りました（写真上）。ダイニングの壁には、娘と一緒に拾ったウニの殻を飾ったらいい感じに（写真下）。

色違いの襖紙で明るい部屋に

押し入れの襖と、仏壇を入れる観音扉の襖は色違いの「獅子地紋」の襖紙を貼りました。ここも畳はフローリングに張り替えています。

2階の広縁は広々として眺めがいいので、布を張り替えてリメイクしたアンティークのソファを置いて寛ぎの間に。窓の木製サッシが美しくてお気に入りの場所でした。

トイレの洗面所。タイルの洗面ボウルや格子の窓、楕円の飾り窓などはそのまま生かしました。女子トイレのみ洋便器にして暮らしやすく。

玄関正面の壁も土壁でボロボロだったため、ベネチアンプラスターを塗りました（色は試作色）。光を反射して明るい玄関に。右側にある広縁から光が降り注ぎます。

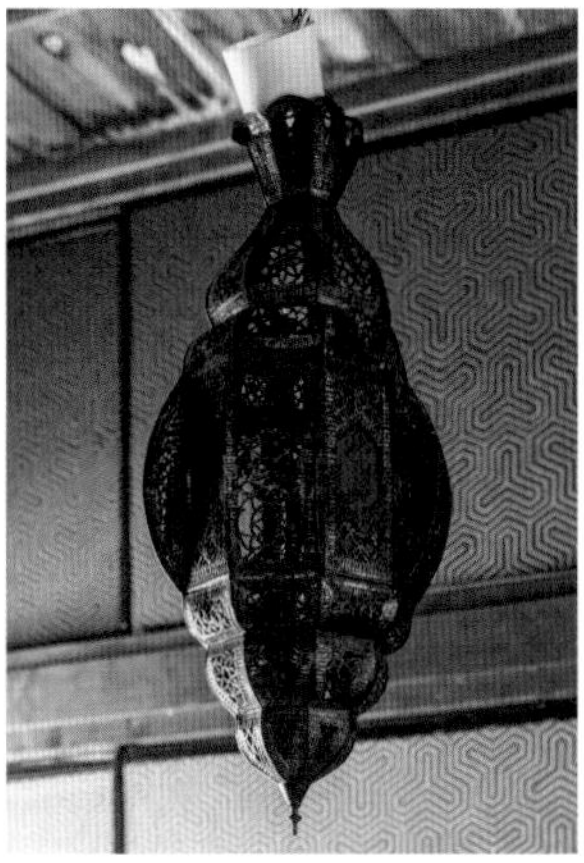

照明はアンティークにして部屋の雰囲気を作る

洋館のシャンデリア（写真右）は家を購入した当時にすでについていたもの。アンティークのトルコランプ（写真中）は和の雰囲気にもぴったり合います。必ずしもアンティークではなく、レプリカ（写真左）でも。

時代の遍歴が見えるスイッチ

洋館のスイッチ。ボタンの部分が螺鈿でできている大変珍しいもの（写真上）。当初は右側の丸いスイッチが２つついていたと思われますが、長い年月の間に故障するなどして昭和半ばに左側のプラスチックスイッチにつけ替えられたようです（写真下）。

古い建材で古き良き日本の建築美を取り入れる

ここで使われている建具（木製サッシ）は、ラウンドの装飾が施されているとても美しいもの。古き良き時代の温かみが伝わる建材は大切にしたいものです。

sample3

各階それぞれにテーマを設けたシェアハウスならではのミックススタイル

東京・COFFRET

各階でテーマを設定して好きなスタイルを選べる

もともと学生寮として使われていた古い建物を1棟まるごとフルリノベーションした専門学校の女性限定シェアハウス。「COFFRET《コフレ》」は「宝石箱・大切なものを入れる箱」の意味で、「きれいな箱に好きなものを集めたように暮らす」をコンセプトに作られました。各階にそれぞれ5人の個室と共有スペースがあり、そのテーマは各階で変えているので、全体としてはミックススタイルといえます。

1階はジャパニーズモダン。共用

Entrance

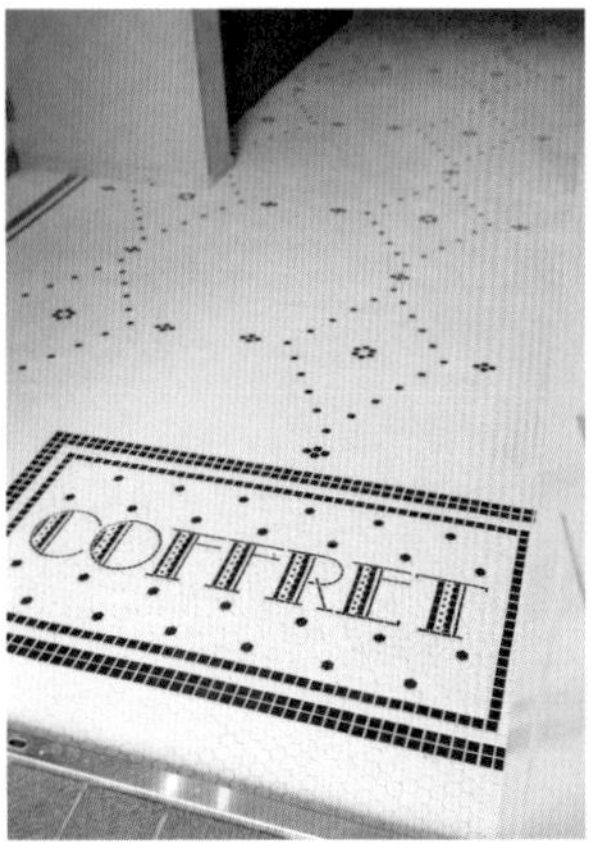

モザイクタイルで装飾し、アイアンの門を設けたエントランスは女性らしさが溢れています。新しくオートロックもついて安心（写真上）。モザイクタイルで作られたロゴは、職人さんの手づくり。（写真下）

玄関奥のシューズクローク。天井のモールやブラケットライト、アンティークのステンドグラスで、高級感のあるクラシカルな雰囲気になります。

のリビングは床に座るロースタイル。壁紙は柄物で派手な印象ですが、腰壁をつけて腰上だけにすることで落ち着いた雰囲気を出しています。2階はベースカラーをグレージュとダークブラウンに、濃いグリーンやブルーをアクセントカラーにしたアーバンヴィンテージスタイル。3階は古き良き雰囲気を大切にしたシャビーシックな空間。ダークウッドをベースカラーにし、アンティーク仕上げされた家具、くすんだシルバーや錆びたアイアン風の小物を取り入れています。4階はこれぞ女子！とうなりたくなるガーリースタイル。木目は明るめに、ピンクを基調とした壁紙や家具を使っています。5階は北欧スタイルで、個性的な照明やアクセントクロスが目を引く人気のスタイルです。

1F ／ジャパニーズモダン

トイレの壁に使ったのは鮮やかなブルー。派手な柄物は、一面だけに使うか、腰上だけにするのがコツです。腰壁を白にしたことで爽やかな空間が出来上がりました。

大柄の壁紙と腰壁で落ち着いたロースタイルに

リビングは床に座って過ごすロースタイル。ダイニングの壁紙は国産壁紙。派手に見えますが和花のような雰囲気で、腰壁に濃い色を持ってくることで落ち着いた雰囲気を作り出しています。

2F ／アーバンヴィンテージ

グレー+ダークブラウンで
アーバンヴィンテージスタイルに

壁はグレージュトーン。バナナの葉の柄のクロスも白とグレーを基調にしています。ダークウッドとアイアンを合わせてアーバンヴィンテージに。共用の廊下から入ったときに正面に見える壁に大きなミラーをつけることで部屋が広く見えます。

グレーやダークブラウンをベースに、濃いグリーンやブルーをアクセントカラーにしています。各居室に洗面器つきのドレッサーがあるのは、女性向きの物件ならでは。

木目でも正方形パネルのような柄はヴィンテージ感を出すのにぴったり。床も家具もダークウッド色を選ぶことでスタイルを確立させています（写真右）。キッチンは明るい雰囲気にするために白&グレーの明るめのクッションフロアを選びました。その分システムキッチンはダークブルーにしてバランスを取っています（写真左）。

3F ／シャビーシック

床はフレンチシャビーにぴったりの、ダークウッドのヘリンボーン柄を選びました（写真右）。猫脚のテーブルや、アンティークシルバーのウォールシェルフもシャビーシックにぴったりのアイテムです（写真左）。

シャビーシックにかかせない
アンティーク仕上げの家具

進行方向の正面につけたアンティーク仕上げのミラー。手前に取りつけたブラケットライトの灯りが写り込んで、より明るく広く見えます。

かすれ・くすみなど古い雰囲気を大切に

くすんだシルバーや錆びたアイアン、アンティーク仕上げのラグなどアンティーク風のものを積極的に取り入れます。アクセントとなっているのは、モノトーンカラーのバラ柄の壁紙。色のトーンを揃えているので浮くこともありません。

4F ／ガーリー

ガラス・クリスタルを取り入れる

ガーリーにはクリスタルやガラスがぴったりなので、シャンデリアを取り入れました。インパクトの強いアクセントクロスは、少し落ち着いた色の腰壁で引き締め、さらにクラシックなソファも壁の強さを和らげてくれます。ダイニングテーブルは 26-27 ページと同じですが、ウッドの色を変えたり、周囲の色が変わるだけで部屋の印象はガラッと変わります。

ゴールドの装飾が施されたミラーはガーリースタイルにぴったり。リビングから出たときに正面に見えるところに取り付けることで、空間が明るく見えます。

窓の近くにあるウィンドウミラーは、外の光をキャッチして部屋全体を明るく広く見せます。キッチンカウンターの上にはかわいらしいペンダントライトをつけてガーリーに。

キッチンは白をベースに、淡いピンクベージュを取り入れ、明るく柔らかな雰囲気に。各階にあるキッチンは共用なので、誰もが清潔に感じられるよう明るめに作っています。

**北欧デザインの照明や
チョークボードクロスを取り入れる**

コントラストの強い色使いの中に、北欧デザインの照明がプラスされることで北欧スタイルに。グレーのチョークボードクロスもアートのように使うとインテリアとして使いやすくおすすめです。

5F／北欧

**ストライプ＋グレー・ブルーで
メリハリをつける**

北欧スタイルにもいろいろありますが、メリハリやコントラストの強いのがひとつの特徴。ここではグレーストライプの壁紙にブルーの腰壁でしっかりとメリハリを。

単色クロス＋アクセントクロスの組み合わせは居室向き。北欧柄を選んで使います。床色はグレイッシュな明るめのウッド色なので、落ち着いた雰囲気になります。

奥にあるドアはダークカラー、その分手前には白いチェストを置いて明るさのバランスを取りました。タイル柄のクッションフロアが印象的です。

sample4

伝統的なインテリアの中に モダンさを取り入れる クラシックスタイル

神奈川・サレルノ百合ヶ丘

モールや巾木などで クラシカルな雰囲気をプラス

2階建て8世帯が入るマンションで、新築時に夏水組が内外装デザインを担当。スペインの街並みを思わせるエントランスや外観からは、賃貸には見えないオシャレな空間が想像できます。

内装は「モードなクラシック」をテーマに仕上げました。「モード」と「クラシック」という一見正反対にも思える2つを併せ持つのは、大胆なモダンテイストの壁紙やタイルを使う「モード」の部分と、モールや巾木など細かな部分での「クラシック」を融合させることによって成功。高さ4mの窓が特徴の1階の部屋は、モダンな青いストライプの壁紙がパッと目を引きますが、天井の色を少し下げて黒いモールをつけた

壁紙は濃淡を使い分けて
きりっと引き締める

キッチンの立ち上がり部分はタイルをクラシックモダンなデザイン貼りに。その分システムキッチンはダークな色で引き締めています（写真上）。
キッチンの奥の壁は白を選ぶと全体がぼんやりしがち。一番濃い色を選ぶのがコツです（写真下）。

窓枠は白いケーシングをつけ、
黒いモールで天井色を下げる

バルコニーへ続くガラス戸とその上にあるFIX窓は合わせて4mの高さ。サッシは黒にして白いケーシング（枠）をつけています。さらに天井から少し下に黒いモールをつけて、天井色を下げて、クラシカルな雰囲気にしています。

り、窓のサッシを黒にし、その周りに白いケーシングをつけることでクラシカルな演出をしています。

キッチン周りはタイルをインパクトのあるデザイン貼りにし、その分周囲は落ち着いた色を配してメリハリをつけています。トイレの壁紙もクラシカルで大胆な色や柄を選択。空間の狭いトイレは遊びを取り入れやすいので、セルフリノベの第一歩として真似してみるのもおすすめです。

33 ページのキッチン上に位置するロフト部分。横ストライプの壁紙は空間を広く見せてくれます。さらに天井の白を 15cm ほど壁側にのばしたところで圧迫感が薄れています。

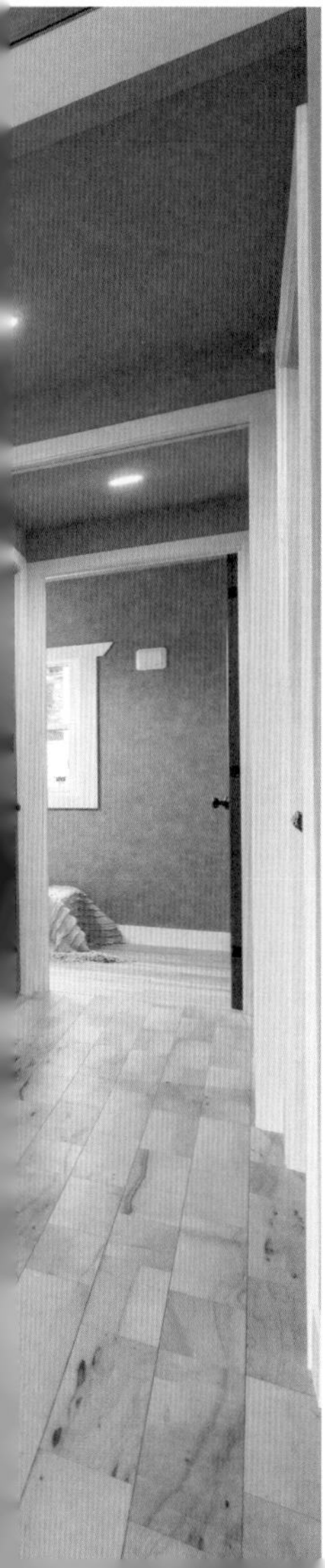

トイレは床と壁色のコーディネートを試すのに便利な空間。イエローの幾何学模様柄と、ポップな床で楽しい雰囲気に（写真右）。床はすべてウォルナットのダーク色で統一。大人のクラシックスタイルに合わせて落ち着いた色味にしています（写真左）。

ウィリアムモリスの壁紙でトイレもクラシカルな雰囲気に。広い面積で使うには勇気がいるような大きな柄は、面積の狭いトイレで使ってみるのがおすすめです。

前ページまでとはまた別の部屋のキッチン。同じタイルで色違いにしています。個性豊かな柄ですが、周囲を濃い色にすることで浮くこともありません。

ベース色はベージュに
アクセントで濃色を入れる

クラシックの場合は、白を使わず、ベースカラーをベージュにするのがポイント。この部屋ではブラウンと黒のタイル柄や、ブルーの壁紙が目を引きますが、そのほかの壁は落ち着いたベージュにしています。

巾木の高さを10cmにして
クラシカルに見せる

クラシカルなダマスク柄の壁紙が印象的な寝室。窓枠の白いケーシングのほか、床と壁の境目につける巾木を高さ10cmにしているのがポイント。高級感のあるクラシカルな洋館を彷彿とさせます。

ブラケットライトやスタンドライトを部屋のコーナーに低めに設置すると落ち着いた温かな雰囲気を作り出せます。アートを飾るように、大きな時計をチョイスして楽しんでみました。

スペインの街をイメージした外観やエントランス。階段の蹴込（立ち上がり部分）と踏面（足を乗せる部分）のタイルを変えるなどこだわっています。

スタイル別実例集

モードブラック style

建具やサッシ、壁、家具にいたるまでブラックをメインに使用。ドアなど面となる部分にはマットなものを使うとしっとりと落ち着いた雰囲気になります。

壁面収納は扉のみ鏡面仕様で、棚部分はマット調。インテリアになじみにくいテレビを黒い壁面収納に納めると違和感がなくなります。大きなラウンド型ミラー、テーブルなどにラウンドを取り入れています。

モードブラックスタイルの ルール

Rule 1

メインとなる
壁をブラックに

Rule 2

できるだけ
マット調の面材に

Rule 3

シンプルなインテリアに
ラウンドを取り入れる

モードブラックスタイルではシステムキッチンもブラックを選択。壁のタイルも目地をグレーにすることで統一感を出すことができます。

ゴールドとの相性がいいのもブラックならでは。エントランスに大きなミラーを設けると、広く見せることができます。

ベッドルームは、メインとなるベッドヘッド側の壁をブラックに。サイドテーブルをラウンドにしたり、床色を明るめにしてリラックスできる空間作りを。

アーバンヴィンテージ style

グレーの天井や壁、床や家具のダークウッド、ダークブルーのドアと3拍子揃ったアーバンヴィンテージスタイルの部屋。難しいのは家具の色合わせですが、赤味や黄味といった色味を合わせるのがコツです。

Living

ダークウッドの床色とグレーを基調にした壁がポイント。アイアンを使った照明なども取り入れるとスタイルが決まりやすくなります。

アーバンヴィンテージスタイルの ルール

Rule 1

天井や壁は白を使わず **ベージュ**や**グレー**に

Rule 2

木部は赤味を抑えた **ダークカラー**で統一

Rule 3

ドアなどの**ポイントカラー**も**ダーク**に

Kitchen

40ページ下の写真と同じ部屋、リビングの奥にあるキッチン。ダークウッドやダークブルーなど同じ色を使いながら、床色だけ白っぽくして明るいキッチンに。

ダークネイビーのクローゼット扉がポイント。アイアンなどの金属が使われた照明を使って印象的に。

Bedroom

メインとなるベッドヘッド側の壁に、ダークウッド調でヘリンボーン柄の壁紙を貼りました。床色やブラインドもダークウッド調で、ブルーとグレーの壁色もポイントです。

北欧 style

グレーのストライプ柄クロスと濃紺のラグなどで、コントラストの強い色合わせ。照明も北欧ブランドのものを選んでいます。

Living

Kitchen

ブルーは同じトーンで濃淡の２色を使用。はっきりとしたコントラストでメリハリをつけています。

壁紙は北欧でおなじみのマリメッコのもの。ペイントしたグレーの壁色は壁紙の中の色と同じトーンのものを選びました。

イエローがアクセントカラーに。チョークボードペイントは子どものお絵描きボードにも、アートにもなります。

北欧スタイルの
ルール

Rule 1

柄や色の
コントラストを強くする

Rule 2

照明や家具に
北欧ブランドを取り入れる

ナチュラル・カジュアル style

Entrance

ウッドパネルを使いたいと思っても予算などで難しい場合、木目調のクロスが便利です。木の板を張り合わせたようなクロスは個性的で、エントランスに使うとインパクト大。

Living

右のエントランスと同じような木目調の個性的なクロスをリビングの一面に。天井にも木目調のクロスを使っています（写真上）。梁を出し、天井には木目調のクロスを使用して、ナチュラルな山小屋風に（写真下）。

ナチュラル・カジュアルスタイルの ルール

Rule 1

ウッドを基調に **ベースはホワイト**

Rule 2

強い色や**強い柄**は **使わない**

Dining

すべて白い壁紙だった部屋に、オイルステインを塗った腰壁をつけました。ブラインドや家具などを木製にしてよりナチュラルなテイストに。

レトロ・和モダンstyle

古い日本家屋の趣はそのままに、畳をフローリングに、襖をガラス入りの引き戸にするなどして和モダンなスタイルに。古き良き日本の香りを生かしたインテリアにしています。

Living

洋室ですが、和風花柄の国産壁紙や和のランプシェードで和モダンに（写真上）。日本のアンティーク家具を取り入れた、ロースタイルのリビングダイニング（写真下）。

レトロ・和モダンスタイルのルール

Rule 1

古びた木の色＋漆喰系のホワイト

Rule 2

和の家具・和柄のアイテムを使う

Rule 3

アンティークや和紙のランプを使う

壁一面に本棚を設置したリビング＆ダイニングは、エジソンランプやグレーの壁紙で和モダンに。杉の無垢材を使った床が、より和の雰囲気を引き立てています。

洗面台周りには丸タイル、クラシカルな壁紙を使った洗面所。アンティークのドアやスイッチなど、すべて和でコーディネートしています。

上のダイニングと同じ部屋の反対側には和室を。建具はアンティークで、障子と琉球畳、ランプがいいバランスでモダンに仕上がっています。

ガーリー style

インパクトのある花柄の壁紙とピンクの腰壁にクリスタルのシャンデリアを合わせて思いっきりガーリーに。床色は明るいものを選ぶとよく合います。

Living

Powder room

洗面所の壁紙は鏡に映り込むことを考えて選ぶのがコツ。爽やかなブルーの細かな花柄とガラスのブラケットライトを使いました。

ガーリースタイルの
ルール

Rule 1

花柄やピンクを使う

Rule 2

**シャンデリアや
ガーリーな照明**

Bedroom

壁紙とおそろいの柄を使ったランプシェードがポイントです。ファブリックを扱うブランドの壁紙なら、ベッドカバーなどとも合わせられます（写真上）。広い壁一面に花と鳥をモチーフにした壁紙を貼り、そこに入っているピンクを別の壁にペイントしました。天井から吊るした天蓋は女の子の憧れ（写真下）。

シャビーシック・クラシカル

sty

Living

グレーベースの花柄クロスとグレーでペイントした壁にソファもグレー系のものに。アンティーク調の家具を合わせます（写真上）。ピンクベージュベースでガーリーな雰囲気ですが、アンティーク調の家具やミラーでシャビーシックにまとめています（写真左）。左右の壁には違うクロスを貼っていますが、天井まですべてグレージュでまとめています。窓枠のケーシングや高さのある巾木でクラシカルに（写真下）。

Bedroom

ダマスク柄のクロスを貼るだけで一気にクラシカルな雰囲気に変身させられます。アンティーク加工のミラーもポイント（写真右）。ウィリアム・モリスの鳥と花をモチーフにしたクロスは根強い人気。家具やランプもアンティークのものを選ぶとクロスとよく合います（写真左）。

Kitchen

カウンターキッチンの背面にウィリアム・モリスの壁紙を貼ってインテリアの主役に。アイアンの家具や、梁や床のダークウッドとも相性抜群です。

シャビーシック・クラシカルスタイルの
ルール

Rule 1
ベースクロスは
グレー系に

Rule 2
くすみ色の**アンティーク**
シルバーや**ゴールド**を使う

Rule 3
アンティーク調の
家具を使う

column

快適なリモートワークのための

ワークスペースの作り方

リビングの壁一面をすべて使ったワークスペース。左右の端にデスクを組み込んで、周囲の棚はそれぞれの仕事関連資料や趣味のものを飾るなどできます。

リモートワーク（テレワーク）を導入する企業が増えている昨今。今まではなかったワークスペースを確保しようとする人が多くなっています。ここでは新築やフルリノベーションの場合の書斎作り、また今あるスペースを生かしたワークスペース作りのコツを紹介していきましょう。

新築やフルリノベーションでこだわりの書斎を作る

家を新築する場合やフルリノベーションする場合には、「小さくてもいいから書斎が欲しい」という人が増えています。自分のこだわり空間として、家全体では叶わなかった内装を書斎や趣味部屋で叶えるケースもよく見られます。多くが「自分だけのスペースをなんとか確保した！」ということが多く、広さは寝室や子ども部屋などよりも狭めです。それでも通気、採光、換気環境などに気をつけてプランニングすると、心地よい空間になります。

小さな空間だからこそ、床や壁、天井は、高価なものや派手なものを思い切って取り入れやすいとも言えます。ぜひ好きなものを選びましょう。海の中を表現した輸入壁紙、トルコからきた手描きのタイル、光沢の出るベネチアのプラスターなど、世界にはこだわりの内装材がたくさんあります。自分だけの逸品を探してみましょう。

　デスクは市販のものでもいいですが、必要な大きさの天板を壁付けにするなどした造作デスクだとスペースを有効に使えます。壁面収納のシステムにデスクを組み込むのも、素材の統一感が出るのでおすすめです。何をどこに、どれくらいの量を収めたいのか決まっている人は、収納棚と合わせて展開図などで確認しながら計画を立てるといいですね。

今あるスペースを生かして ワークスペースを作り出す

　急にリモートワークをすることになって、ダイニングテーブルなどで仕事をしている人も多いでしょう。新たに部屋を作るのは難しいので、階段下、窓際、柱と柱の間のスペースなど、家の中にほんの少しだけでもプライベートスペースが取れる部分がないか探してみましょう。パソコンが置ければいい、書いたり読んだりするスペースが欲しいなど、自分の仕事内容や作業に合わせた広さを見つけます。書斎のようにひと部屋にできなくても、リビングの一部に新たにワークスペースを作ったり、パントリーやキッチン横にスペースを作るなど、今後のリモートワーク社会に備えて考えたいものです。

　壁面収納にデスクが取り入れられるものには、安価なものから高価なものまで幅広くありますし、板を取り付けるだけなら安価にすませることもできます。照明も、作業性が重要なら明るい照明に、落ち着いて作業や読書をしたいのであれば間接照明や挟角のダウンライトをつけるなど、作業とリラックスを切り分けられる照明計画をするとよいでしょう。

思いきってリビングに ワークスペースを作る

▼
▼
▼

58 〜 70 ページでフルリノベーションの例を紹介した福井の物件では、リビングの壁一面にシステム収納「アイシェルフ」(Panasonic) を組み合わせて２人分のワークスペースを実現。収納パーツと部材の色が選べるので、間取りや収納したいものに合わせて使いやすい収納＋デスクができます。壁と床に固定するタイプなので、施工が心配な場合はプロに依頼するとよいでしょう。

お気に入りの小物を少しだけ並べて、
自分だけのオリジナルスペースに。
飾り窓からは外の光も入ります。

column

壁と壁の間に板を渡して、デスクを造作。同じ板で支えを入れているので強度も安心です。デスク前の壁には可動棚のレールをつけているので、好きなところに棚板を設置できます。

壁際・窓際を有効に使う

▼
▼
▼

窓際や壁際の壁に奥行45cmの板を取り付けてデスクを作りましょう。ノートパソコンを使うと仮定すると、奥行きは45cm程度あればOK。板はブラケットで壁に取り付けるほか、両脇にちょうどいい高さのボックスを置いて板を渡すなどしてもいいでしょう。

Point

照明をこだわって選んでお気に入り空間に

奥行き約45cmのデスク兼収納家具を入れてワーク＆趣味のスペースに。正面の壁紙はウィリアムモリスのブレアラビットの壁紙を貼っています。アイアンのブラケットや照明で落ち着いたシックなスペース作りを。

デッドスペースを生かす

階段下や、柱などがあって家具が置きにくいデッドスペースも、ちょっとしたワークスペースに変えられます。デスク用の板を渡すだけでなく、収納棚もつけられればもっと使いやすくなります。

階段下を利用したケース。この場合、壁や天井からの照明がないので、デスクライトを設ける必要があります。階段下を最大限利用しているので思いがけず広いスペースになりました。

Point

このスペースだけの特別な壁紙で気分をアップ!

柱部分が邪魔をして、デスクなどは置きにくい場所ですが、デスク用の板を造作してワークスペースを実現しました。対面の壁だけにタイル柄の壁紙を貼って、特別感を出しています。

column

キッチンの近くで「仕事も家事も」を叶える

▼
▼
▼

最近ではダイニングキッチンの近くに子どものスタディスペースや、アイロンがけなどを行う「家事室」を設ける例も増えています。リモートワークのためのワークスペースも、キッチン横やパントリーに作ると、仕事も家事も充実させることができるかもしれません。

写真はシェアハウスのダイニングスペースの一角ですが、ワークスペースとしても使えます。キッチン家電を置いた収納棚と一体化しているので、統一感があります。

Point

システムに組み込んで、ミニマムでも使いやすく

2畳弱ほどのパントリーは、システムラックを使って食材や器などを整理整頓。同じラックシリーズを増設して、デスクパーツを入れたらワークスペースができました。

小さなデスクでその都度好きな場所で仕事

▼
▼
▼

どうしても専用スペースが取れなければ、小さなデスクをワーキング用に用意して、好きな場所で…というのもアイデアのひとつ。プライベートタイムには片づけておくことができる折りたたみ式や、囲まれたパネルにデコレーションできるものは、オフィス感を隠したい人におすすめです。

パネルに囲まれているので緩やかに空間を仕切ってくれる約1㎡のワーキングスペース。パネル部は有孔ボードなのでデスク側は仕事関係のもの、外側はお部屋の雰囲気に合わせたデコレーションが吊り下げられます。
組み立て簡単デスク KOMORU（Panasonic）

デスク回りを使いやすく

ワークスペースや書斎の壁はお気に入りの壁紙を貼るのがおすすめですが、デスク回りを使いやすくするための工夫もいろいろ。引っ掛けて収納したりちょっとしたメモを貼ったりできる、マグネットボードや有孔ボードを取り付けるのもおすすめです。

ノベーション

塗る

壁を塗る
ドアを塗る
漆喰を塗る

貼る

壁紙を貼る
マグネットボードを貼る

つける

有孔ボードをつける
プレートをつける

飾る

鏡を掛ける
天蓋を掛ける

Part.2

夏水組 Presents

一戸建てリ

I. 福井・春江の家リノベーションBefore&After

II. セルフリノベーションのDIY

築30余年の一軒家をまるごと一棟フルリノベーション。現代の生活スタイルに合った間取りに変更し、世界で主流となりつつある「モードブラック」でまとめた大人な空間に、坂田夏水率いる夏水組とパナソニックがタッグを組んで作り上げました。間取り変更や設備機器の交換、水道や電気工事などプロにお願いする部分と、自分で「塗る」「貼る」「つける」「飾る」を手掛けるDIYの部分を組み合わせています。後半には、実際の作業の方法を詳しく解説。これから一軒家のリノベーションを考えている人も、古い家に住み続けている人も、ぜひ参考にしてください。

福井・春江の家

リノベーション Before&After

Living&Dining &Kitchen

リビング・ダイニング・キッチン

セルフリノベポイント

☑ドアを塗る
☑ラウンド型ミラーを掛ける
☑壁を塗る
☑壁紙を貼る
☑羽目板をつける
☑棚をつける

ブラックを基調にしたＬＤＫ。棚板やダイニングテーブルなどの面材はマット調のものを使用して、落ち着きのあるコーディネートを楽しみます。中央の柱は、ここが二間続きの和室だった名残。３室だった１階をワンルームにしたことで広いＬＤＫを実現しました。

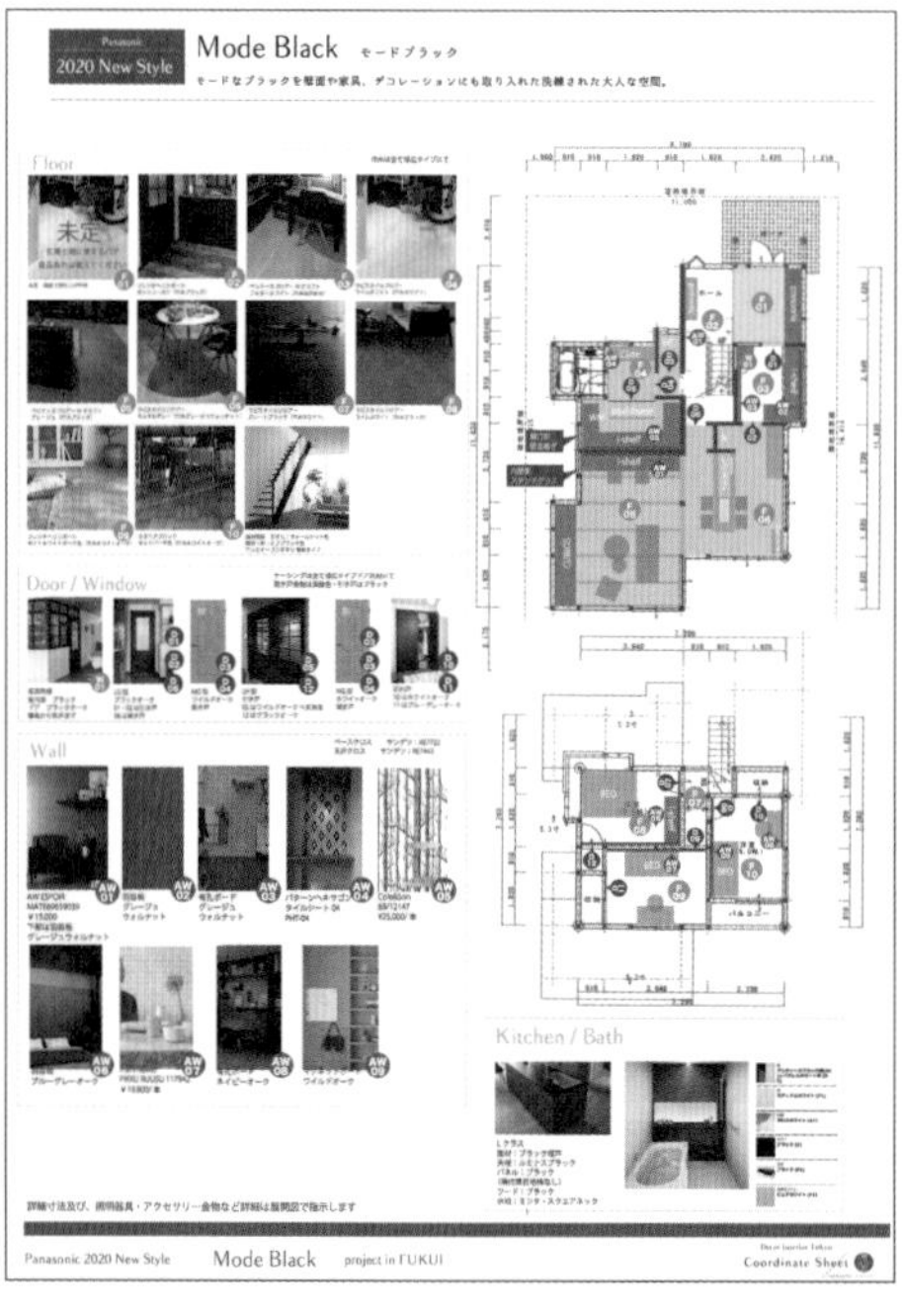

夏水組が制作したコーディネートシート。建材や水回り、棚などの使用素材を提案しているもの。具体的な写真をつけることでイメージしやすく、打ち合わせがスムーズになります。

Before

1

2

1）フルリノベ前の状態。キッチンがある部分がパントリーになり、手前右はダイニング＆キッチンに。左側の襖の向こうは二間続きの和室がありましたが、構造材になっている柱１本を残して古い壁はすべて取り除いて広々としたリビングになりました。
2）壁紙貼りや壁付けのアイシェルフ、アンティーク窓の取り付けなどはプロにお任せ。ドアは無塗装のまま取り付けられています。

After

リビングの一角には床と壁に固定するタイプのアイシェルフを組み合わせたワーキングスペースを作りました。玄関ホールから続くドアはアイアンペイントで仕上げています。
壁紙：ESPOIR NEW AGE MATE 69659039〈CASELIO〉
システムラック：アイシェルフ／金物：オフブラック色　木部：グレージュウッド柄〈Panasonic〉
小窓：アンティーク
ドア：ベリティスクラフトレーベル／ LG 型 ワイルドオーク柄（塗装対応〈Panasonic〉
→アイアンペイント：アイアン[illegible]ク／アンティークゴールド〈ターナー〉

黒いTVはどうしてもインテリアになじみにくいもの。壁面に埋め込んだ一面ブラックの収納棚に納めてしまえばそれも解消できます。モードブラックのようにシンプルなインテリアの場合、インテリアにラウンド型のものを取り入れるのがおすすめ。ラウンド型の大きなミラーが部屋をより広く見せています。

システムラック：キュビオス／色柄：鏡面ブラック　ユニット柄：グレー〈Panasonic〉
ミラー：リンドビーン〈IKEA〉
床材：ペリティスフロアーW クラフト／ミスティグレー色〈Panasonic〉

ダイニングキッチンもブラックで統一。キッチンカウンターは、パナソニックのLクラス「Irori Dining」を採用。IHコンロを囲みながら食事ができます。シンク上にもフレームシェルフを取り付け、収納&インテリアのポイントに。ダウンライトはスピーカーつきなので、音楽を聞きながら料理が楽しめます。

システムキッチン：Lクラス　Irori Dining（いろりダイニング）／カウンター：玄昌ブラック　扉柄：ブラックオーク
シェルフ：フレームシェルフ 天吊りタイプ／フレーム：ブラック色　棚板：アンティークダーク色
床材：ラピスタイルフロアー／モルタルグレー〈以上すべてPanasonic〉

リビングと同じ「アイシェルフ」を使用。高さが調節できるシェルフは、使い方に合わせて変えられるのが魅力。写真右側のキッチン側は食品庫として、玄関に近い左側は外出時に必要なものを収納したり、レインコートなどを掛けたりできます。
システムラック：アイシェルフ／金物：オフブラック色　木部：ホワイト柄〈Panasonic〉
ドア：ペリティスクラフトレーベル 上吊引戸／LG 型 ブラックオーク柄〈Panasonic〉

Pantry

パントリー

キッチンと玄関との間に設けたパントリー。生活感が出てしまう電子レンジなどの家電や買い置きした食材の収納庫として、またガーデニング用品やアウトドア用品の収納場所としても使用可能。玄関側からも入れるようにしておくと、買い物してきた食材などを仮置きできて便利です。

セルフリノベポイント

☑ 有効ボードをつける
☑ 棚をつける

Before

キッチンからの通り道になる部分にはアイシェルフをつけず、壁面を残しています。

After

キッチンから続く壁側には有効ボードを取り付けて吊るす収納に。野菜やグリーン、キッチン雑貨を飾るように吊るして楽しめます。
有効ボード：カスタムパーツ 有孔化粧ボード／ブラックオーク柄〈Panasonic〉

Kids room 1

キッズルーム1

セルフリノベポイント

☑壁紙を貼る
☑壁を塗る
☑天蓋を掛ける
☑ミラーを掛ける
☑照明をつける

元々は和室でしたが、洋室に。大人っぽい落ち着いた雰囲気の子ども部屋になりました。床のフローリングはフレンチヘリンボーン柄、ドアはホワイトアッシュ柄のグラデーションカラー。リノベーションして四面ともブルーグレーだった壁紙はDIYで一面だけ明るい柄物にして、女の子向けにチェンジさせています。

After

猫脚のデスク回りにはルーバー扉付きのミラーを取り付け、バッグが掛けられるフックやグリーンを取り付けました。いくつかつけるときは三角を描くようにするとバランスが取りやすくなります。
ミラー：アーチド・ルーバー・ミラー〈MATERIAL〉
フレーム・フック各種〈MATERIAL〉

Before

ヘリンボーン柄の床に、全面ブルーグレーの壁紙。おしゃれで落ち着いた雰囲気です。

壁の一面にマリメッコの壁紙を貼り、もう一面の壁は壁紙の中の色に合わせてペイントしました。照明も壁紙とおそろいのマリメッコに。ベッドの上に天蓋を吊るして女の子の憧れ空間に。
床材：アーキスペックフロアー／フレンチヘリンボーン セットホワイトオーク〈Panasonic〉
ドア：ベリティスクラフトレーベル／MG 型ホワイトアッシュ柄〈Panasonic〉
壁紙:marimekko UNIKKO／ライトベージュ〈マリメッコ〉
ペイント:夏水組セレクション 水性ペイント／アンジェリーナ〈MAETRIAL〉
照明：LED ペンダントSOU・SOU 花がさね LGB 19472〈Panasonic〉

Kids room 2

キッズルーム 2

セルフリノベポイント

- ☑マグネットボードを貼る
- ☑ペイントでカレンダーを作る
- ☑照明をつける
- ☑ミラーを掛ける

バルコニーに面した明るい洋室はスクエアブロックのフローリングでナチュラルテイストに。ドアや壁色はもうひとつの子ども部屋と同じです。壁面には、ＤＩＹでもできる大きなマグネットボードを貼って、好きなものを飾ったり、吊るし収納ができるようにしました。

After

1

1）マグネット式の収納小物で好きなものを飾ったり、細かなものを収納したり。フリーカレンダーはマスキングテープと水性ペイントだけで作れます（→81 ページ）。
2）好みのアニマルヘッドやグリーン、サインボードなどで壁面を飾って楽しみます。

2

壁紙や床材などはそのままに、天井から床までマグネットボードを貼りました。さらにマグネットボードの上にペイントでカレンダーを作成。予定を書いた紙をマグネットで留めて使うフリーカレンダーです。

床材：アーキスペックフロアー W パーケット A ／スクエアブロック セットバーチ色〈Panasonic〉

ドア：ベリティスクラフトレーベル／ MG 型 ホワイトアッシュ柄〈Panasonic〉

マグネットボード：カスタムパーツ マグネット対応化粧ボード／ワイルドオーク柄（塗装対応）〈Panasonic〉

カレンダー：夏水組セレクション 水性ペイント／ノアール〈MAETRIAL〉

照明：LED ペンダント SOU・SOU うらら LGB19471〈Panasonic〉

Before

壁に色を使っている分、床はホワイト系で明るめに。窓際にはお気に入りの小物を飾って楽しみます。

デザイナーズギルドの個性的な壁紙が印象的な主寝室。壁の一面だけウォールナット柄の羽目板を貼って、落ち着かせました。収納は小さなクローゼットだけなので、壁面にパーツを組み合わせて作るシェルフを設置しました。

Bed room

ベッドルーム

セルフリノベポイント

- ☑ 羽目板を貼る
- ☑ 壁紙を貼る
- ☑ 棚をつける
- ☑ ミラーを掛ける

Before

無地の壁紙やドアはキッズルームと同じもの。広い壁面は柄物の壁紙を貼っています。

After

羽目板は長さ調整のためにカットしたり、隙間なく貼ったりと上級者向け。ここでは天井から床までの一面にプロの手を借りながらDIYで貼りましたが、壁色を残して腰の高さまで、またはベッドのヘッドボード代わりにするなど使い方はいろいろです。

床材：ラピスタイルフロアー／ライムホワイト〈Panasonic〉
ドア：ベリティスクラフトレーベル／MG型 ホワイトアッシュ柄〈Panasonic〉
壁　紙：Christian Lacroix〈DESIGNERS GUILD〉
羽目板：カスタムパーツ 羽目板／ウォールナット柄〈Panasonic〉
シェルフ：アイシェルフ／金物：ホワイト色　木部：ダークウッド柄〈Panasonic〉
照明：吊り下げ型ペンダント 布セードタイプ LGBZ6114〈Panasonic〉

Entrance
玄関

セルフリノベポイント

- ☑ フレームシェルフをつける
- ☑ 壁紙を貼る
- ☑ 羽目板をつける

Before

広い玄関には靴箱以外の収納はなし。大きな壁面が空いています。

大きな壁面を利用してフレームシェルフをつけ、小物を置いたり、グリーンを飾ったりできるように。壁に直付けするタイプなので、空間が狭くなりません。
壁　紙：ESPOIR NEW AGE MATE69659039〈CASELIO〉
腰板：カスタムパーツ 羽目板／グレージュウォルナット柄〈Panasonic〉
シェルフ：フレームシェルフ 壁付けタイプ／フレーム：ブラック色　棚板：アンティークブラウン色〈Panasonic〉

After

リノベーション前よりも約1.5倍の広さになった玄関。スケルトン階段にしたことでさらに広く感じられる空間になりました。玄関ホールはリビングと同じ輸入壁紙と羽目板を貼って高級感を。壁面にはフレームシェルフをつけました。

ドアは大きなガラス入りのものにして光を取り込み、明るい玄関に。玄関を入って正面にパントリーの入り口があります。

Rest room& Landry room

洗面所・ランドリールーム

洗面・脱衣スペースは完全なプライベートスペースのため、奥まった位置に。洗面所とは引き戸で仕切られたランドリールームを作り、脱ぐ→洗う→干すがここで完結するようにしました。一度着たけれどすぐに洗濯しないものを掛けておいたり、下着等をしまう引き出しを設けるなど至れり尽くせり。海外ドラマで見た憧れのクローゼットを再現しています。

セルフリノベポイント

☑ドアをペイント（クラッキング）する
☑壁紙を貼る
☑棚をつける

Before

水回りはプロにおまかせ。ドアは木目のままのものが取り付けてあります。

After

洗面所側のドアはクラッキングペイントで使い古したような木のドアを再現。洗面台の横には壁付けの棚板をつけて、身支度を整えたり、仮置きするのに使えるようにしています。
ドア：ベリティスクラフトレーベル／ MG 型 ワイルドオーク柄（塗装対応）〈Panasonic〉
→ペイント：夏水組セレクション 水性ペイント／アモーレ、メルドゥニュイ　クラッキングメディウム〈以上、MATERIAL〉
洗面台：シーライン／ブラックオーク柄〈Panasonic〉

2 枚の引き戸で洗面所とは仕切られたランドリールーム。アイシェルフで大容量の収納スペースを作りました。洗濯機も洗面所ではなく、こちらへ。天井には使うときだけ降下させることができる物干しを設置しています。
壁　紙：THE CONTEMPORARY COLLECTION 69/12147〈Cole & Son〉
シェルフ：アイシェルフ／支柱：ホワイト色　木部：グレージュウッド柄〈Panasonic〉

After

天井には室内物干しユニット「ホシ姫サマ」を設置。使わないときは上げておけるので邪魔になりません。
物干し：ホシ姫サマ〈Panasonic〉

正面の壁紙は個性的だけれど落ち着いた印象のものに。シェルフの施工はプロにおまかせしました。

Before

洗面所との仕切りは 2 枚の引き戸でガラス部分が多いものを採用。閉めておいても圧迫感がありません。
ドア：ベリティスクラフトレーベル／LH 型 ネイビーオーク柄〈Panasonic〉

Toilet
トイレ

セルフリノベポイント

☑漆喰を塗る
☑ドアをペイント（アンティークワックス）する

リノベーション前と位置などは変わらず、便器などを一式すべて新品に。壁紙や床材も貼り替えていますが、さらにＤＩＹでドアや壁を塗り替え、グレードアップさせました。

Before

水道工事はプロにおまかせ。壁はすべての面を無地のグレーの壁紙、ドアは木目のまま取り付けてあります。

After

入り口から見て左側の壁一面だけ、消臭・調湿効果がある漆喰を塗りました。初心者はトイレのような小さな壁面で練習するのがおすすめ。コテ跡がいい味になります。
漆喰：Decor Stucco ／オンブルニュアーズ〈MATERIAL〉

トイレのドアは内側をアンティークワックスでペイント（写真上）。廊下側は洗面所のドアと共に、廊下の腰板の高さに合わせてペイントしました（写真下）。
ドア：ベリティスクラフトレーベル／ MG 型 ワイルドオーク柄（塗装対応）〈Panasonic〉
→ペイント：アンティークワックス／ウォルナット、夏水組セレクション 水性ペイント／メルドゥニュイ〈以上、MATERIAL〉

column

mini インテリアコーディネートのアイデア集

グリーンは多めに！ 垂れ下げたり、巻きつけたり

モードブラックスタイルのようにシンプルでかっこいいスタイルの時は、全体が冷たい雰囲気になってしまわないよう、グリーンを多めに取り入れます。モデルハウスの場合は手入れがいらないフェイクグリーンに。棚の上部に垂れ下がるものを置いたり、アイアンのかごに蔓を巻きつけたり、根まで美しいものはガラスの器に入れたりと、植物のもつ表情を楽しみます。

ベッドファブリックを楽しもう

海外の家庭やホテルなどでは、ベッドの上にたくさんのクッションが置かれています。これは装飾として、また背もたれとしての2つの役割があり、大きなクッションから小さなクッションまで何層にも重ねて立てかけ、コーディネートを楽しみます。本を読んだりTVを見るなど、寝室で過ごす時間が長い人は特に、クッションカバーを同系色のグラデーションにしたり、ひとつだけアクセントカラーを入れるなどしてコーディネートを楽しんでみましょう。壁やカーテンなどの色と合わせて色を決めていくと部屋全体のイメージがまとまりやすくなります。

ウォールデコレーションは 三角形を意識して

同じフレームを何点か飾る場合は均等に横並びなどで配置してもいいのですが、種類の違うフレームなどでデコレーションする場合は、三角形を意識して配置するとバランスがとれます。フェイクグリーンやドライフラワーのリースもおすすめ。フレームやリースの壁掛けには、穴が目立ちにくい石膏ボード用フック（89ページ参照）がおすすめです。

塗る・貼る・つける・飾る

セルフリノベーションのDIY

誰でもできる作業方法

セルフリノベーションDIYの前に確認しておくこと

1 リスクがあるものはプロに依頼する

3章（91ページ〜）で詳しく説明しますが、電気工事や水回りの給排水工事などは有資格者にお任せするのが基本。自分で行うことができるものもありますが、リスクが大きいので仕様だけ選んで、施工はプロに頼むようにしましょう。

2 音やニオイに注意して、トラブルを回避する

ビスでの取り付け、棚の組み立てなどは少しの音でも響くことがあるので注意が必要。早朝や夜間は避けます。水性ペイントはニオイが少ないものを使いますが、石油系ペイントは不快に思う人もいます。ご近所や同居人には声をかけておきましょう。

3 原状回復できるか、原状回復が必要かを確認する

賃貸住宅では退去時に原状回復が必要な場合がほとんどです。壁や床、ドアや襖などに手を加える場合は、仲介した不動産屋さんか大家さんに確認し、念書にしておくと安心。「貼ってはがせる」などのように原状回復できる素材を選びましょう。

4 養生をしっかりして汚さない

施工しない場所を汚さないように、しっかり養生しましょう。作業場所には養生シートを敷き、マスキングテープとマスカーでカバーします（73ページ）。ペイントの場合、「養生7：ペイント3の割合で気持ちと時間をかける」と言われるほど重要です。

下準備

養生の仕方

主に塗料や漆喰を塗る場合の養生の仕方です。思いがけないところが汚れる場合もあるので、広めに養生しておきましょう。

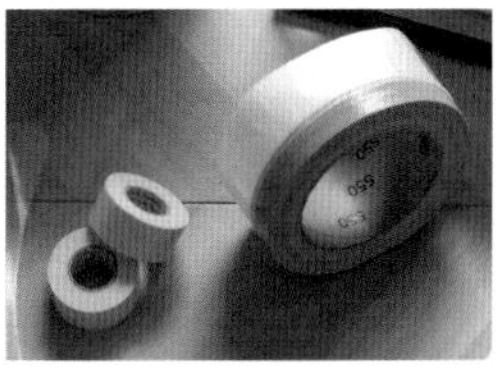

マスキングテープ（左）とマスカー（右）。マスカーはテープと養生シートが一緒になったもので、貼って広げるとすぐに養生ができるもの。1巻250円くらい。

マスキングテープを貼る

汚したくない部分にマスキングテープを貼る。ペイントなどが入り込まないように、浮いている部分がないようにしっかり押さえる。

マスカーを貼る

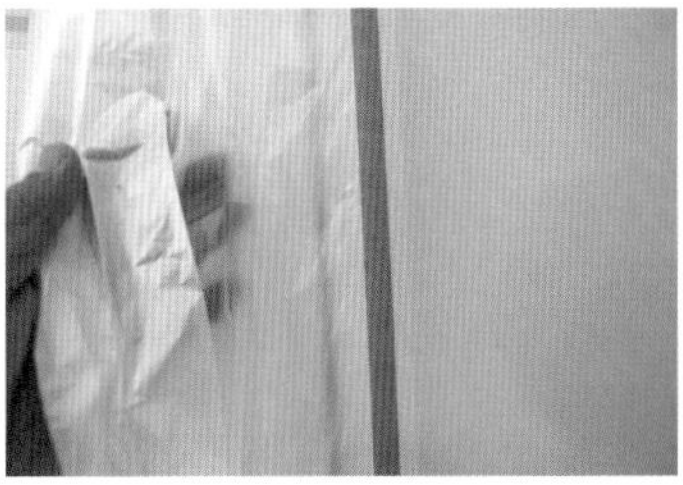

マスキングテープの上からマスカーを貼る。マスキングテープからはみ出してしまうと、壁紙や塗料を剥がしてしまうので、必ず重ねて貼る。

シートを広げる

マスカーのシートを広げる。動かないようにマスキングテープで留めるとよい。塗料や漆喰を塗り終わったら、完全に乾く前にマスキングテープごと剥がす。

マスキングテープ　貼り方のコツ

コンセント・スイッチがある場合

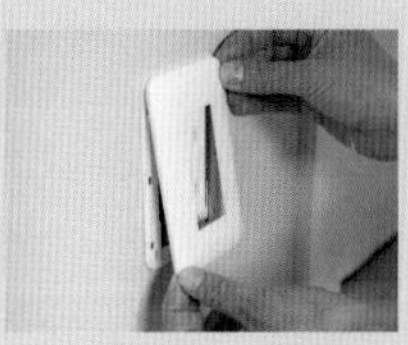

カバーを外す。

ネジ留めされている外枠はドライバーを使って外す。

コンセントやスイッチ部分をマスキングテープで覆う。

壁と壁の角などは端にぴったり沿うように貼る。

ガラスの角などはカッターでカットするとよい。壁の角は爪などで押さえて、隙間がないようにする。

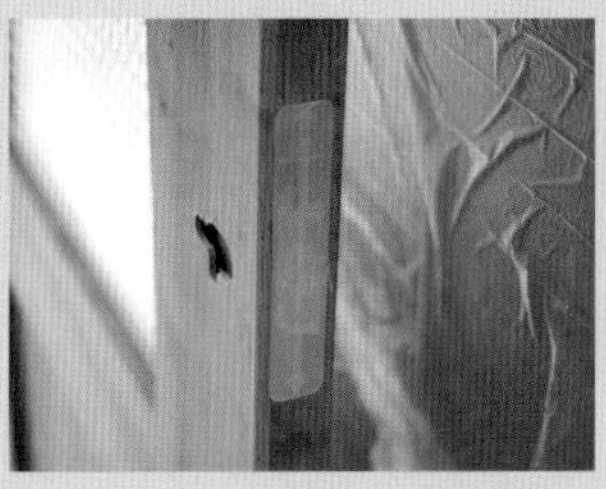

ドアのレバーハンドルは取り外し、外せない金具部分はマスキングテープを貼って覆っておく。

巾木など建具がある場合はその上に壁紙が巻き上がっているので、さらに建具側に0.5mmくらいずらして貼る。

壁をペイントする

塗る

壁紙の上から塗れる水性ペイントは、初心者さんでも調整しやすい！
同じ部屋の壁紙の柄の中の色を選んで統一感を出します。

1

ペイントする面の端は、すべて丁寧に養生する（73ページ参照）。

2

塗料は底にたまっているので、蓋を閉めたまま静かに上下を逆さにして攪拌する。

3

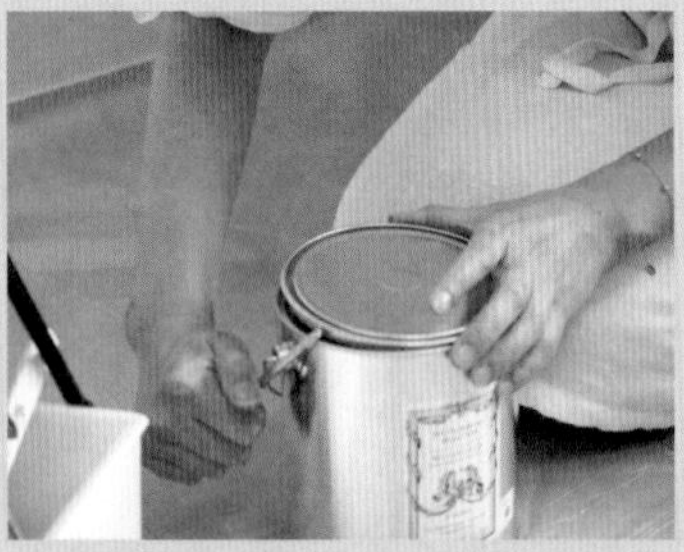

マイナスドライバーなどを使って蓋を開ける。

7

ローラーにたっぷり塗料を含ませたら、網面で垂れない程度にしごく。

8

充分に塗料を含ませたローラーで、ハケで塗った内側を塗る。ローラーは大きく動かすのがポイント。全体が塗れたら一度塗りが終了。

9

晴れた日は約1時間、冬などは約2時間乾燥させたらローラーで二度塗りする。一度塗りでかすれたところを見逃さないように。

NG

完全に乾いてからマスキングテープを剥がすと塗膜が剥がれてしまうことがある。

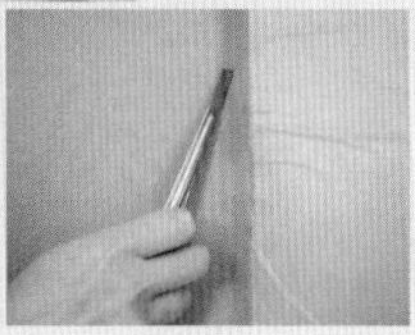

乾いてしまったら、塗膜とテープの間にカッターで切り込みを入れてからテープを剥がすとよい。

POINT

一度塗りでかすれて残ったところ。こうなっていても力づくで塗らず、二度塗りの際にきれいに仕上げればOK！

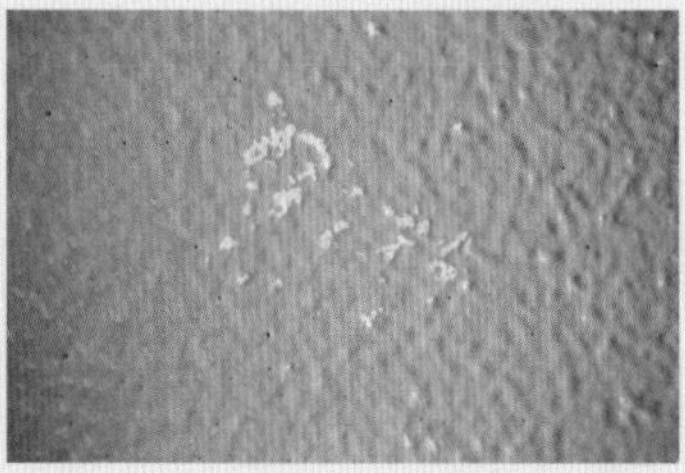

使用道具と材料

①水性ペイント
（アンジェリーナ）
②バケット
③ローラー
④ハケ
⑤マスカー
⑥マスキングテープ
⑦ビニール手袋

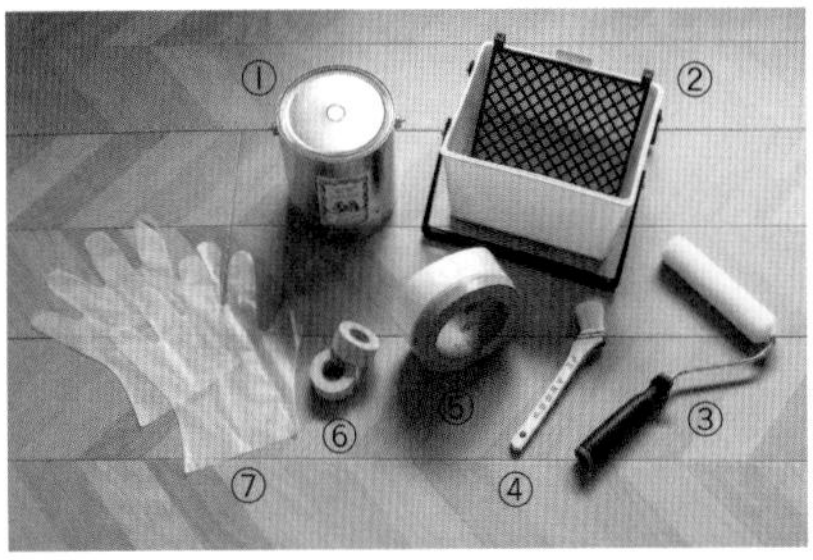

4

缶の口に養生テープなどをV字に貼って、注ぎ口を作る。

5

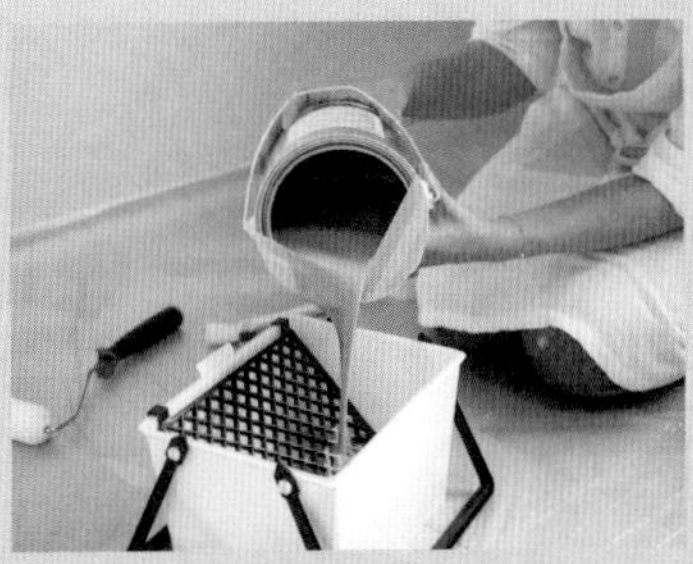

バケットの下 1/4 くらいまで塗料を入れる。少なくなったら継ぎ足して使う。塗料は1缶(2kg) で6 ～ 8㎡を二度塗りできるくらいが目安。

6

ハケにペンキをつけて、壁の隅から塗る。隅は2度塗りをしなくてもよいように、厚塗りする。

10

二度塗りが完全に乾く前に養生テープを剥がす。

POINT

隅の養生が甘く、塗料がたまってしまった。

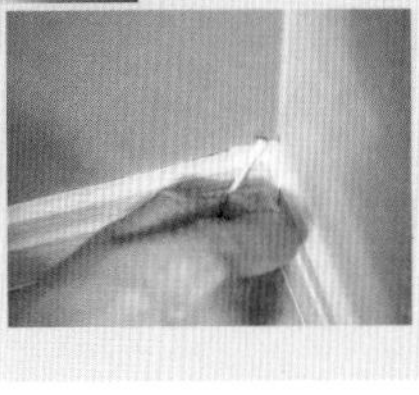

綿棒などで取り除く。

完成

Idea

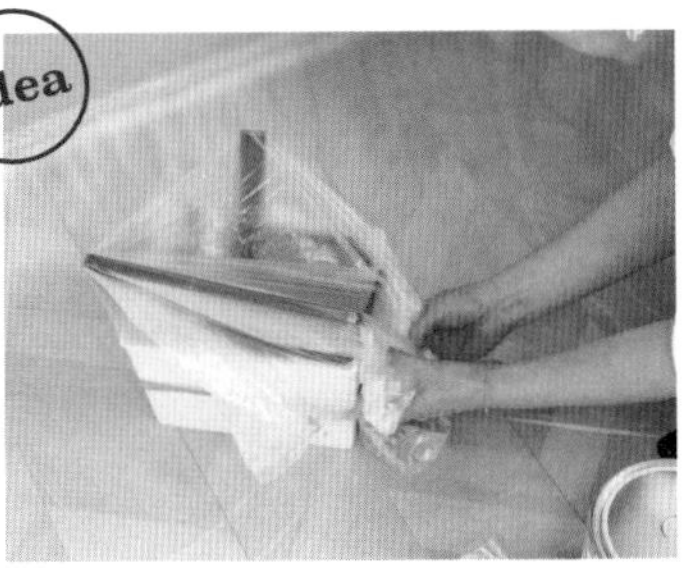

塗料をバケットに入れたけれど作業を中断する場合は、マスカーでバケットをくるんで留めておくと塗料が乾くのを防げる。1日くらいならこれで保存可能。

塗る

ドアを塗る〈アンティークワックス〉

自然素材のミツロウを主原料としたワックスで、木製のドアをアンティーク調に仕上げます。元の木目を生かしながら色をつけていきましょう。

使用道具と材料

①アンティークワックス（ウォルナット）
②マスキングテープ
③スポンジ

1

ドアにガラスがある場合はその際を、また金具部分を養生する（73ページ参照）。スポンジにワックスをつける。

2

木目にこすりつけるように塗っていく。

3

角はスポンジを入れ込むようにしてしっかり塗る。アンティーク感を出すために「汚れは角に溜まる」のを意識して、角はあえて濃く残す。

4

塗り残しがないように全体に塗り広げる。木目を生かして色をしみ込ませていくようなイメージで塗るとよい。

POINT

角を塗り残してある。

角がしっかり塗ってある。

完成

ドアを塗る〈アイアンペイント〉

塗る

木製のドアを、鉄や金属のような質感に加工します。ポンポン叩いていくだけなので、初心者でも以外に簡単にできます。

使用道具と材料

① IRON PAINT（アイアンブラック・アンティークゴールド）
②スポンジ
③マスキングテープ

1

ガラスの際や金属部分を養生する（73ページ参照）。プラスチックトレーなどにアイアンペイント（アイアンブラック）を出す。

2

1 をスポンジにつける。

3

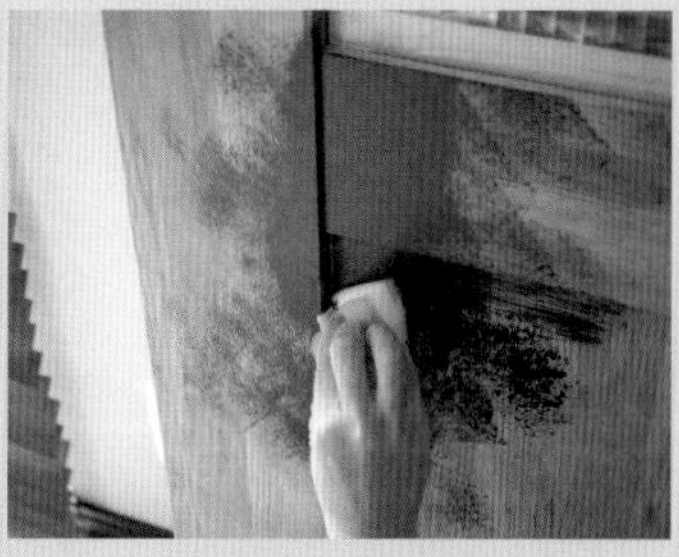

段差のある角などから押さえるようにして色を入れていく。

4

全体に同じようにして色を塗る。均一でなくてOK。塗り終わったら1時間ほど乾燥させる。

5

アイアンペイント（アンティークゴールド）を別のトレーに出して、新しいスポンジにとる。

6

4 の上からポンポンとのせるように重ねていく。最後に、ブラックとゴールドのバランスを見て塗り重ねる。

完成

ドアを塗る〈クラッキング〉

塗る

塗料が剥がれてひび割れ、長年使いこんだような風合いを再現。水性塗料にクラッキング用メディウムをプラスして、アンティーク感を出すことができます。

1

養生する（73ページ参照）。水性ペイントをハケにとって縦ストロークでかすれたように塗る。この色がひび割れの中に見える色になる。

2

隅に塗り残しがないようにしっかりハケを入れて塗る。

3

全体に水性ペイントが塗れたところ。

6

メインとなる色の水性ペイントを**5**の上から塗る。

7

6が乾いてくると、ひび割れができてくる。ドア全体を同じようにして塗る。

完成

使用道具と材料

①クラッキング
　メディウム
②水性ペイント
　（メルドゥニュイ・
　アモワール）
③マスキングテープ
④ハケ

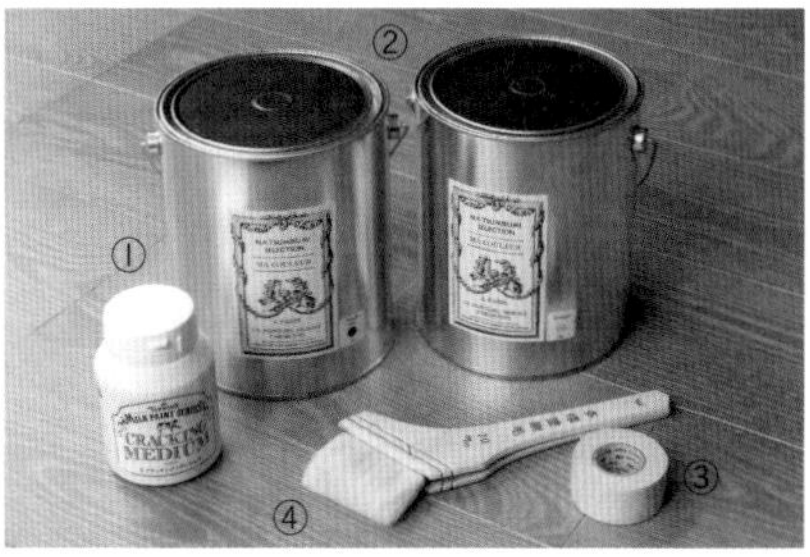

4

水性ペイントが半乾きの状態で、クラッキングメディウムを均一に塗る。ダマや塗り残しがないように注意！

5

触ってみて指紋が残るくらいの半乾きになるまで待つ。

POINT

乾きすぎるとひび割れが起きないので、ドア１枚全面をいっぺんに作業するのではなく、少しずつ作業するとよい。

ドアを塗る
〈塗り分け〉

数種の色で塗り分ける際は、マスキングテープを貼ってから塗ります。ここでは下 1/3 ほどだけをペイント、上はそのまま木目を生かしました。

1

塗り分けるラインにマスキングテープを貼る。水性ペイントで塗り残しがないようにしっかりと塗る。

2

マスキングテープの近くは、はみ出さないように慎重に。二度塗りして仕上げる。

完成

漆喰を塗る

調湿・消臭効果のある漆喰や珪藻土。水性ペイントよりも塗るのが難しいので、まずはトイレの壁のような狭い面積から試してみるのがおすすめです。

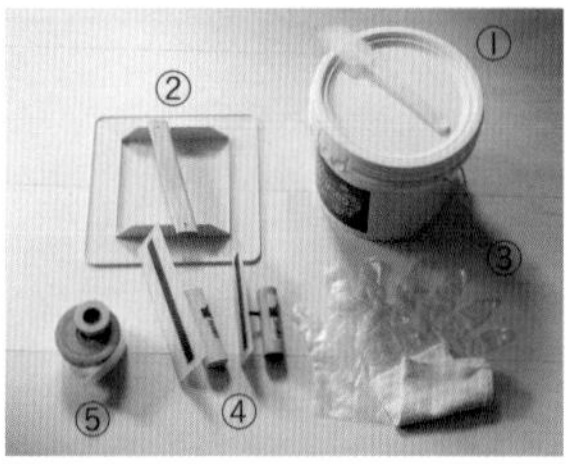

使用道具と材料

①漆喰（Decor STUCCO オンブルニュアーズ）
②コテ台
③ビニール手袋・雑巾
④コテ 大・小
⑤マスキングテープ・マスカー

1

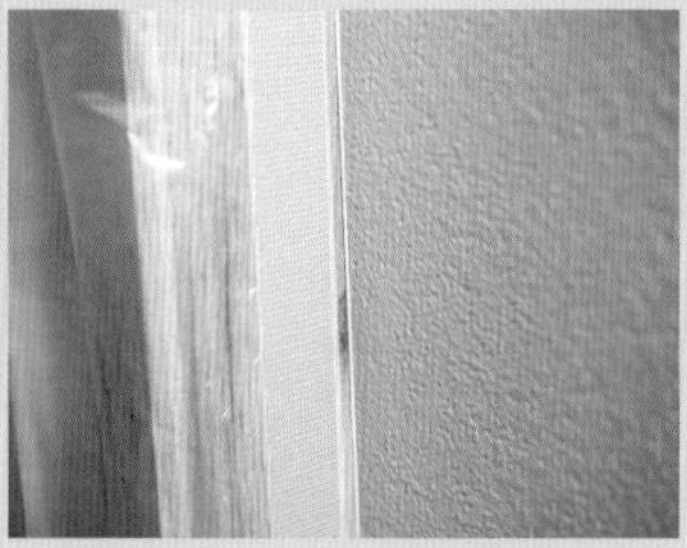

漆喰や珪藻土を塗る場合は、その厚みを考慮してマスカーはギリギリに貼るのではなく、2〜3mm 外側に貼る。

2

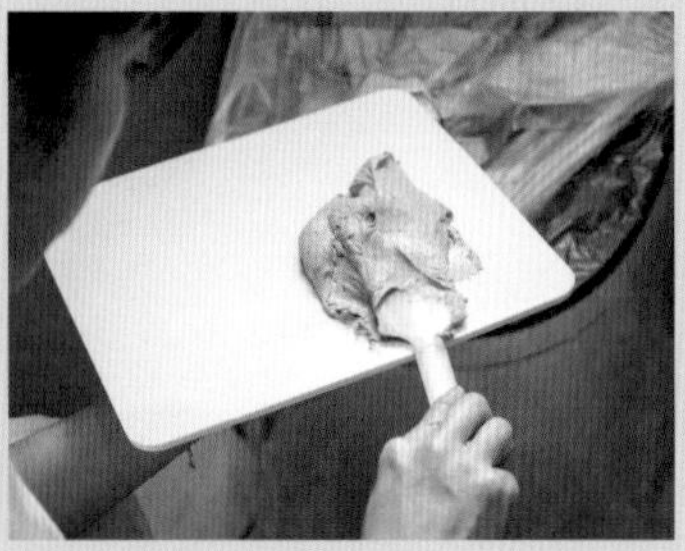

ゴムベラなどでコテ台の上に漆喰を取る。重いので乗せすぎないように。

3

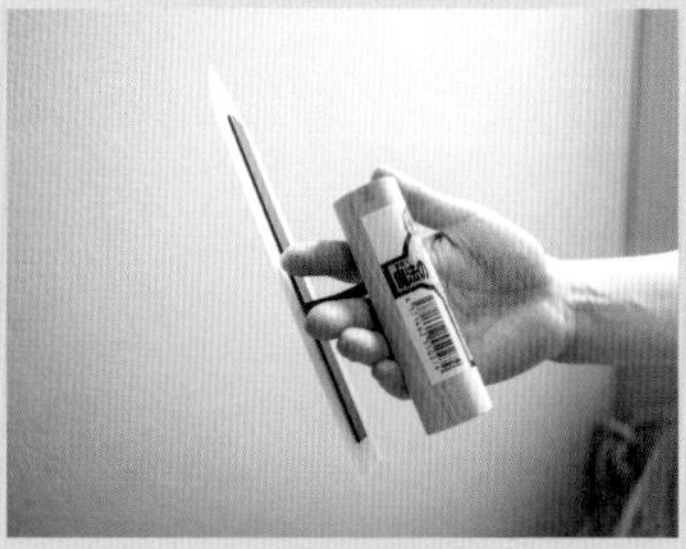

コテは人さし指と中指の間ではさんで持つ。

4

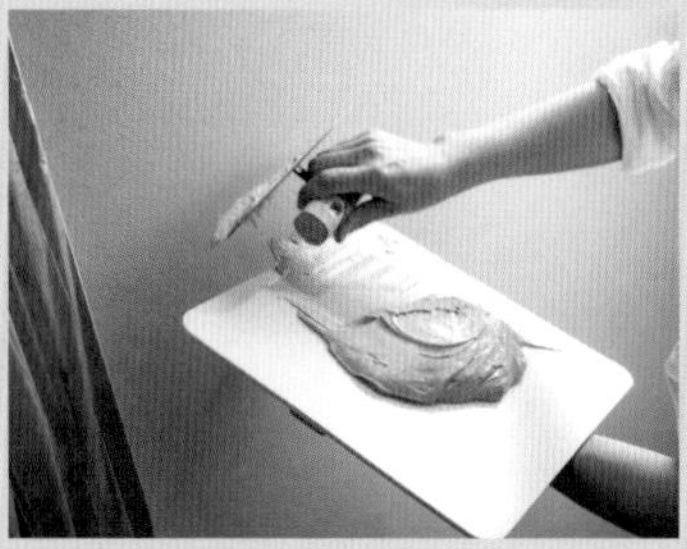

コテ台の上で、漆喰を少し練ってから手前から奥にコテを動かしてすくう。

5

壁の隅に漆喰を取ったコテを当てて、厚みを出しておいて横に滑らせて塗りのばす。

6

隅から内側へ向かって塗る。きれいに塗ろうとせず、コテ跡が残って表情をつけるくらいがよい。完全に乾くまで乾燥させる。

完成

〈応用〉
カレンダーを作る

塗る

マスキングテープと水性ペイントを使って、カレンダーを作ってみましょう。
ここではマグネットボードにペイントしていますが、壁や板でもいいでしょう。

1

マスキングテープでカレンダーのラインを作る。マスキングテープはしっかり押さえて隙間がないようにする。

2

縦ラインを貼る際は、まず上部だけ貼り、そのままマスキングテープを伸ばして落とすようにすると重力でまっすぐに落ちるので水平が取れる。

3

マスキングテープは貼り直しが効くので曲がっていたら貼り直す。

4

床などを汚さないように養生してから、水性ペイント（ノアール）を上から塗る。外枠からはみ出さないように注意。

5

塗り終わったところ。

6

塗料が完全に乾く前にマスキングテープを剥がす。

完成

マグネットボードにペイントしたのでマグネットでメモを留めました。壁や板にペイントした場合はピンなどで留めます。

貼る

輸入壁紙を貼る

輸入壁紙は壁にのりをつけるものと、壁紙にのりをつけるものがあります。
ここでは壁にのりをつけて貼るものを使い、既存の壁紙の上に貼ります。

1

バケットに水を入れておき、壁紙用のりを少しずつ入れてとろみがつくまでよく混ぜる。バケット付属の網を使って混ぜると簡単。

2

壁の端から壁紙の幅＋15cm くらいまでにローラーでのりを塗る。

POINT

のりの量は、指でなぞってみて指跡が残るくらいに。

6

下も 5cm 程度長くカットする。竹べらの先端で際を押さえる。

7

地ベラを際に当て、カッターを当てて壁紙をカットする。上も同じように地ベラを当てながらカットする。

8

2 枚目はリピート（絵柄の繰り返し）を確認して、1 枚目に合わせる。

12

壁紙の継ぎ目はジョイントローラーでおさえる。

13

建具の角（ドアや窓の廻縁など）は角に向かって斜めにカットし、あとは建具に沿って押さえて貼ってからカットする。

14

最後の 1 枚の角はまず上端を折り、角から下に 2 枚重ねた状態で竹べらで押さえる。

使用道具と材料

①輸入壁紙 UNIKKO〈marimekko〉
②貼ってはがせる壁紙用のり
③バケット
④ローラー
⑤ハケ
⑥ジョイントローラー
⑦竹べら
⑧カッター
⑨地ベラ
⑩撫でハケ

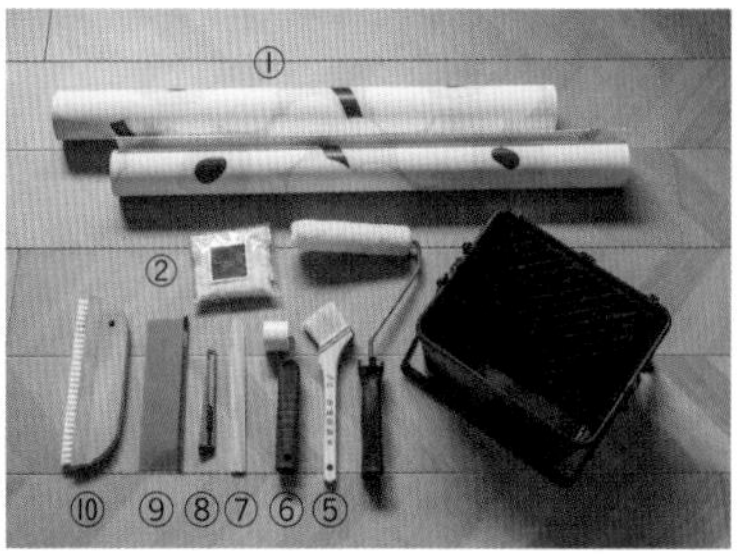

3

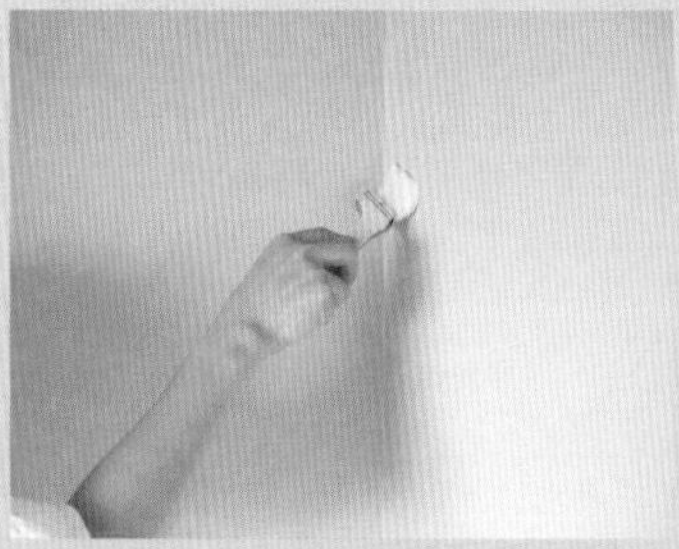

壁の隅はハケでしっかり塗る。のりが乾いてしまうと貼れないので、のり付けは手早く。

4

上は5cmほど余裕を持たせて壁の端（ここでは左側）をぴったり合わせて貼り始める。ずれたら少し剥がしてもう一度やり直す。

5

撫でハケで外側に向かって空気を抜きながら上から下に向かって貼っていく。

9

2〜**3**同様にのりをつける。1枚目の端を少し剥がしながら2枚の継ぎ目になる部分にはしっかりのりをつけておくとよい。

10

2枚目も同様に貼り、上下をカットする。

11

壁紙の継ぎ目や端にはみ出したのりはウェットティッシュや濡らしたスポンジで拭き取る。

15

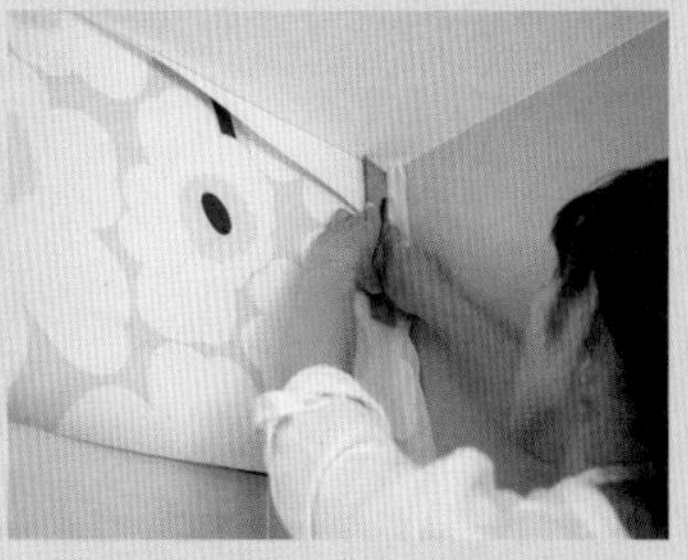

2枚重ねたままカットする。

16

上端、下端も竹べらでしっかり押さえてからカットする。

17

スイッチやコンセント部分は、中心から対角線上に切り込みを入れる。

18

外側に折り返して、スイッチやコンセントの外枠のラインでカットする。

19

カットできた状態。上からカバーをつけるので多少曲がったりしていても大丈夫。

20

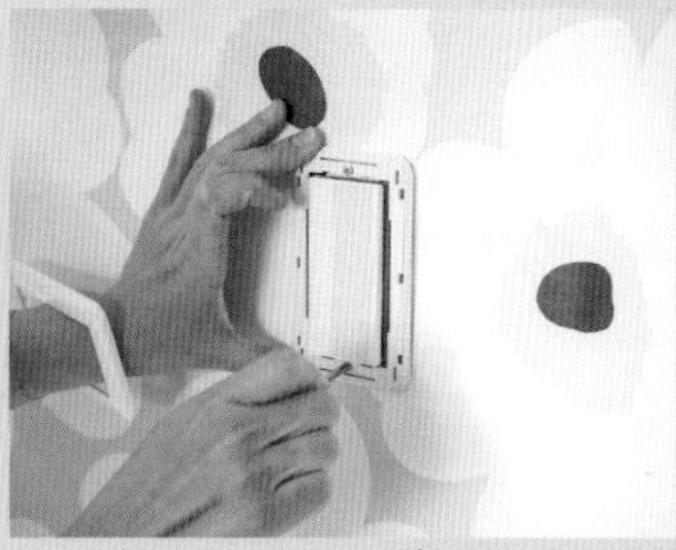

外しておいた外枠をねじ止めする。

21

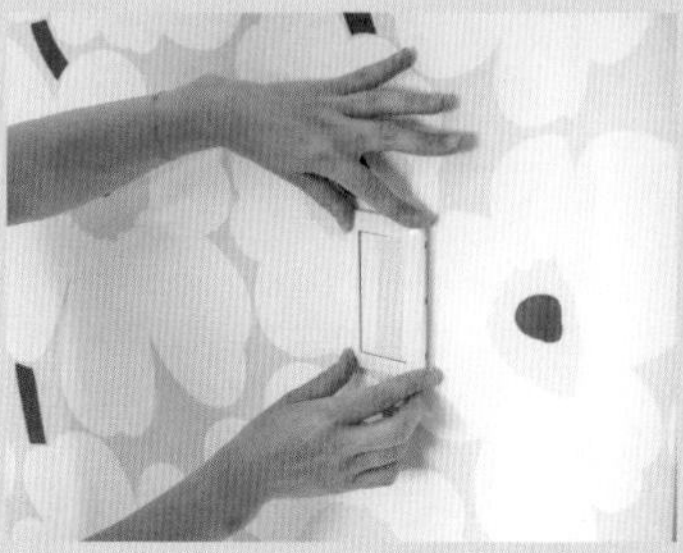

カバーを取り付ける。

完成

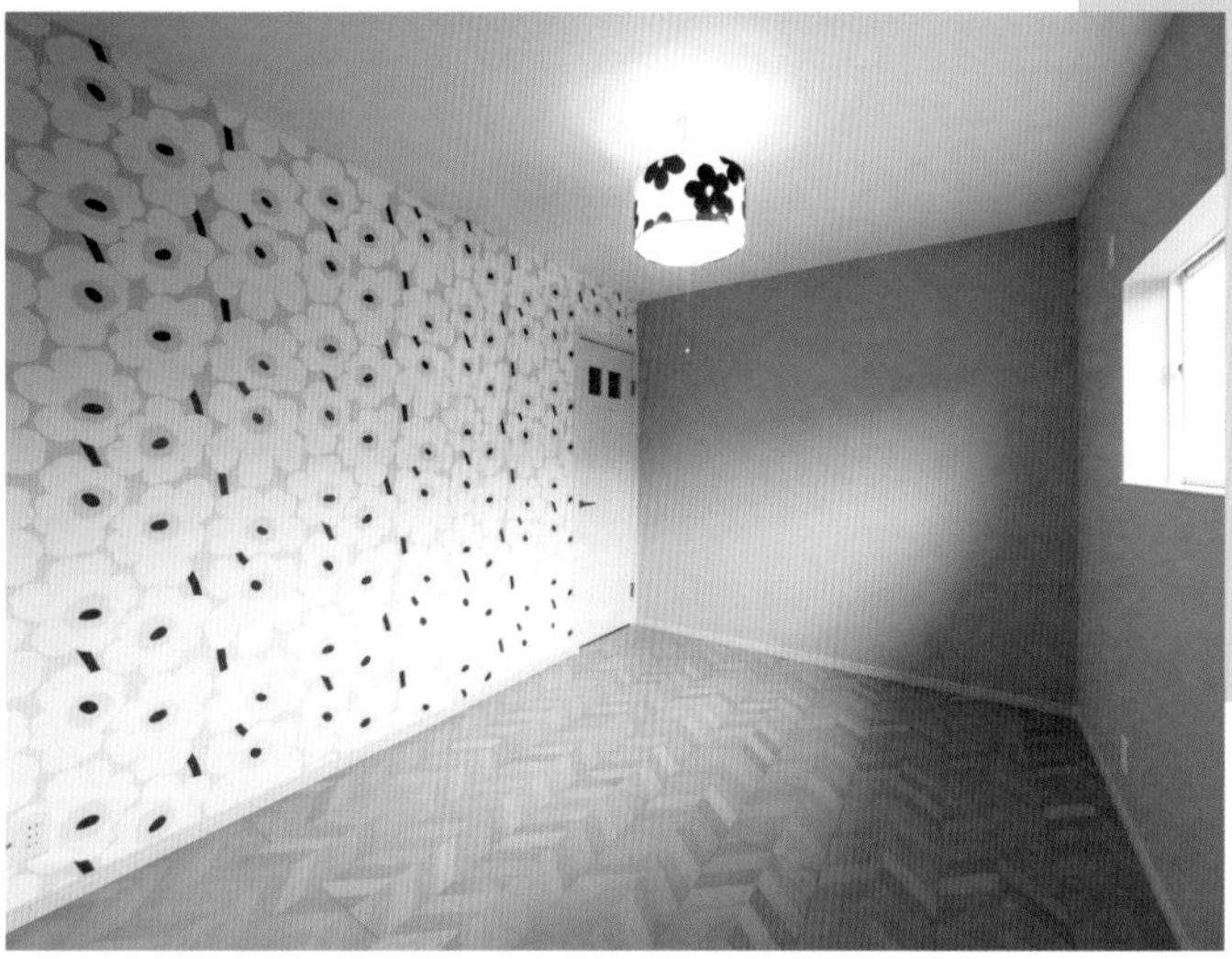

memo

壁紙とのりについて

壁紙には国産のものと、輸入のものがありますが、国産は一般的にのりがついておらず、ネットショップなどではのりをつけてくれるサービスがあります。輸入ものは壁にのりをつけて貼るものと、壁紙にのりをつけて貼るものがあり、パッケージに示されていることが多いのでよく確認してから作業しましょう。また貼ってはがせるタイプのものなら、賃貸物件でも原状回復ができます。

①壁にのりをつける
②裏が不織布で、剥がせる
③耐光性あり
④表面が拭ける

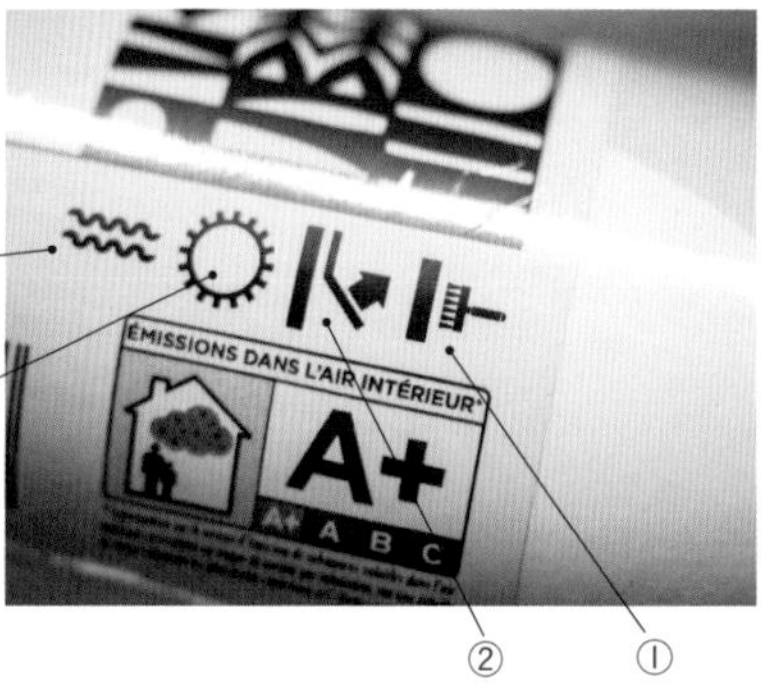

④
③
②
①

マグネットボードを貼る

貼る

壁にマグネットボードを貼れば、壁面を有効に使えます。今回は天井から床までの大きなものをつけましたが、デスク回りに小さなものをつけても便利です。

使用道具と材料

①マグネットボード（廻縁付き ワイルドオーク柄）〈Panasonic〉
②メジャー
③シリコーン樹脂系接着剤
④両面テープ

1

マグネットボードを取り付けたいサイズにカットする。ボードを裏にして置き、両面テープを周囲と中心に貼る。

2

接着剤を両面テープの外側につける。あまり外枠ギリギリだとはみ出してしまうので少し内側にするのがコツ。

3

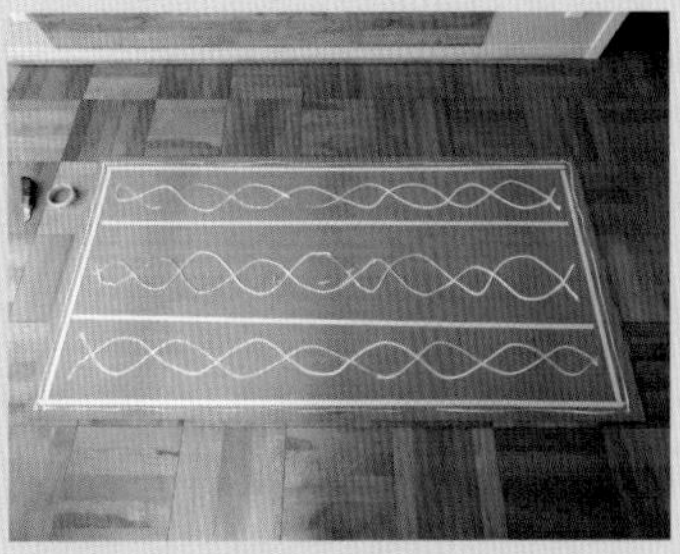

両面テープと両面テープの間にも接着剤をつける。つけ終わったところ。

4

両面テープの剥離紙を剥がし、壁に貼る。貼り直しはできないので位置は慎重に。

5

接着剤が密着するように手でたたくようにしてしっかり貼る。

6

廻縁が付属している場合は接着剤をつけて貼る。

完成

有孔ボードをつける

つける

有孔ボードとは等間隔の穴が開けられた板（ペグボード・パンチングボードともいう）。壁面収納としてとても便利で、狭い空間にもおすすめです。

使用道具と材料

①有孔化粧ボード（廻縁付き ブラックオーク柄）〈Panasonic〉
②胴縁（下地用の木材）
③電動ドライバー
④ネジ
⑤メジャー
⑥電動タッカー
⑦シリコーン樹脂系接着剤

1

有孔ボードをつけたいサイズにカットする。ボードに合わせて胴縁にする木材もカットし、壁にネジで取り付ける。

2

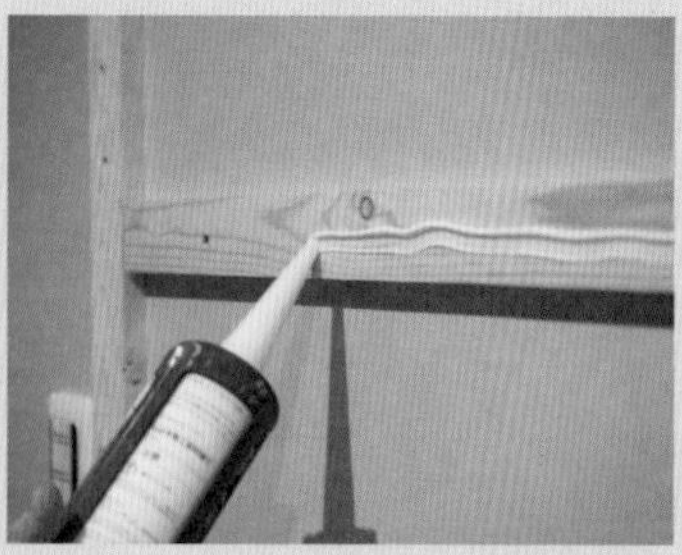

接着剤を胴縁につける。つけすぎたり、はみ出たりしないように注意する。

3

有孔ボードを胴縁の上から貼り、電動タッカーで胴縁とボードを留め付ける（タッカーがない場合は釘やネジで留める）。

4

廻縁が付属している場合は周囲に廻縁を付ける。

5

有孔ボード用の金具を穴に差し込んで吊り下げ収納をする。

完成

金具に吊り下げて収納できる。様々なタイプの金具があるので用途に合わせて選ぶとよい。

フレームシェルフをつける

つける

壁面を利用して棚を作ります。フレームを取り付けて棚板を渡すタイプのシェルフは洗練された雰囲気が出るのでおすすめです。

使用道具と材料

①フレームシェルフセット１式〈Panasonic〉
②電動ドライバー
③メジャー

1

取り付ける位置をだいたい決めたら、メジャーで測ってフレームの取り付け位置に印をつける。片方のフレームをビスで取り付ける。

2

もう片方のフレームも同じようにビスで取り付ける。

3

フレームとフレームに棚板を渡す。

4

フレームと棚板をビスで取り付ける。すべての棚板を同じように留め付ければ完成

完成

同じタイプのフレームシェルフを天井に取り付ける場合は、天井に補強が必要なので注意。キッチンならグラスホルダーなどがつけられる。

つける

羽目板をつける

パネル式の板を連続して取り付けることで木目調の壁や天井を作ることができます。ここでは寝室の壁一面に施工して高級感のある雰囲気にしました。

使用道具と材料

①羽目板（ウォルナット柄）〈Panasonic〉
②メジャー
③ノコギリ
④シリコーン樹脂系接着剤
⑤金づち

1

羽目板をつけたい長さにカットする。

2

羽目板１枚分の幅にシリコーン樹脂系接着剤をつける。

3

１枚ずつ羽目板を貼る。２枚目以降は隣の羽目板の溝（サネ）にはめ込むようにしながら貼っていく。

4

木の端材などを当てて金づちでたたき、溝にしっかり入り込むようにする。

Idea

ベッドの幅の分だけ羽目板をつけ、ベッドヘッド代わりに。上部はチェアレールをつけています。

完成

プレートをつける

つける

ドアや下地のある壁などにはビス留めが可能。サインプレートをつけて楽しみましょう。

使用道具と材料

①サインプレート
②電動ドライバー
③ビス

1

つけたい場所に当ててみて、位置を決める。

2

ビスで留める。木のドアなどに取り付ける際は、電動ドライバーを使うと楽に作業できる。

完成

ミラー・グリーンを飾る

飾る

ミラーやアニマルヘッド、フェイクグリーンなどはフックつきのピンを使って壁掛けに。

使用道具と材料

①ミラー
②石膏ボード用フック
③金づち

1

3 本の細いピンがクロスして刺さることで、壁に下地がなくても抜けないフックを使用。金づちで 3 本を打ち込む。

2

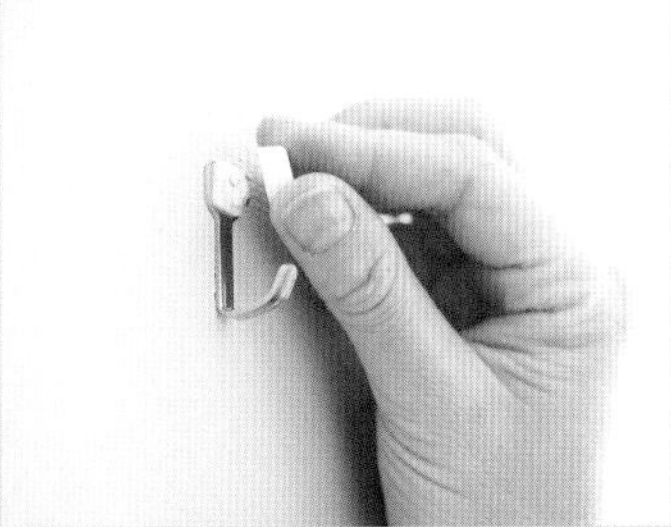

ピンが見えないようにカバーを取り付ける。ミラーをかける。

完成

58～89ページでリノベーションした物件で使った

パナソニックの住宅建材

今回一棟まるごとリノベーションした福井・春江の家は、パナソニックの住宅建材を使い、夏水組・坂田夏水がトータルコーディネートしました。

シェルフ

フレームシェルフ 天吊りタイプ
フレーム：ブラック色
棚板：アンティークダーク色

シェルフ

アイシェルフ
金物：オフブラック色
木部：グレージュウッド柄

床材

ベリティスフロアー W クラフト　ミスティグレー色

内装ドア

ベリティス クラフトレーベル
ワイルドオーク柄（塗装対応）

床材

ラビスタイルフロアー
モルタルグレー

キッチン

L クラス Irori Dining（いろりダイニング）
カウンター：玄昌ブラック
扉柄：ブラックオーク

照明

LED フラットランプ
ユニバーサルタイプ

リビング収納

キュビオス
色柄：鏡面ブラック
ユニット柄：グレー

床材

ベリティスフロアー W クラフト
ミスティグレー色

※このほかにも様々な建材を使用しています。

撮影協力／パナソニック㈱ ハウジングシステム事業部　https://sumai.panasonic.jp/
物件提供／アロック・サンワ株式会社　http://www.aroc.co.jp/

Part.3

SNSも活用して情報収集！

施主支給を取り入れた家づくり

施主（発注者）が商品や建材を自分で購入し、施工者（受注者）に支給する「施主支給」。SNSでたくさんの情報を収集できるからこそ、新築やリノベーションの現場では、珍しいことではなくなってきていますが、工務店などとのコミュニケーションが足りないとトラブルも起こりがち。ここでは、施主支給をする場合の注意点や、部屋ごとの施主支給品の取り入れ方を解説します。

SNSで見つけた「コレ！」を使いたい

施主支給の極意

セルフリノベとはいえすべて自分でDIYできるものではなく、自分で建材や取り付けたい商品を選んで購入した施主支給品を工務店などのプロに施工してもらうことも必要になります。SNSなどで情報収集した建材などをどのように使えばよいか、解説します。

近年よく聞く「施主支給」って つまりどういうこと？

家を新築する際や、リノベーションする際に、施主（発注者）が商品や建材を自分で購入し、施工者（受注者）に支給することを「施主支給」といいます。施主支給には2パターンあり、施工してくれる工務店などと見積査定を繰り返す間にインターネットなどで安い商品を見つけて自分で買うのがパターン1、すでに工事をする前から持っている商品を使ってもらうのがパターン2です。

パターン1の場合は、受注者に嫌がられる場合があるので、必ず打ち合わせ時に「施主支給でもOKかどうか？」を確認する必要があります。パターン2については、工事をお願いする時に支給品であることが前提なので、理解のある工務店であれば問題はありません。

昨今は、見積書に記載されている品番をネット検索して最安値が分かる時代なので、受注側も見積書の出し方を工夫しています。従来は商品に自社の利益をのせていましたが、施主支給品が当たり前になってきてからは、商品には利益はのせず、諸経費・監理費・工賃で利益をとるようになってきています。

工務店などの受注者との トラブルを防ぐために

見積もりの依頼をする時点で、「ここにはこだわりたいので施主支給したい！」ということを伝えて進めましょう。見積書がすべて出てきてから金額を比較するようなやり方では、お互いの信頼関係のためにもよくありません。

また施主支給はある程度の知識が必要で、商品を間違えて発注してしまった場合のリスクも考えなければなりません。受注側が発注する場合は、発注を間違わないように、細かい部材まで確認して発注するのが受注側として必要な技術と知識ですが、施主支給する場

合は、その辺りの勉強を施主が独自でする必要があります。ですから間違いのない発注ができる自信がないのであれば施主支給をするべきではなく、工務店などと打ち合わせを重ねる中で、なるべく希望に沿う形でおまかせすることも考えましょう。

最悪なパターンは、返品不可能な高額商品を施主が間違って発注してしまったため、工程がずれて工務店が手配した職人が仕事できなくなってしまうこと。「遅延＝無駄な人件費」なので、施主は間違ったネット購入の返品不可能な高額商品の金額だけでなく、遅延分の工賃を請求される覚悟も必要です。間違いたくないからといって、現場監督に細かく何度も確認するのも無駄な手間なのでNGです。施主支給に対して好意的に受け止めてくれる工務店であれば、購入する前に相談してみてもいいでしょう。

SNSで施主支給品を探すときのポイントと注意点

どんな部屋にしたいか、どんな商材を使ったらいいかといったアイデアは、日本のサイトよりセルフリノベーションが盛んな海外のサイトの方が豊富です。ピンタレスト（Pinterest）や、ハウズ（houzz）などで情報を集めてもいいでしょう。情報がショップから配信されているようだったら、ショップスタッフが詳しく教えてくれるので、ショップに実際訪問して購入するのがおすすめです。

給排水設備、電気設備系は国家資格を持つプロの領域なので施工には手を出さないこと。商品を購入したら、施工はプロに任せましょう。例えば、ペイントや輸入壁紙、漆喰などの壁装のように、セルフリノベのDIYを自分で手掛けたい場合は、Youtubeやまとめサイトなどで、細かな施工方法が紹介されていたり、前例が見れたりする商材がおすすめです。床を変えたいという要望も多く聞かれますが、床はマンションの場合、階下とのトラブルになることもあるほか、「セルフリノベできたけどドアが開かなくなった」など、簡単にはいかないことも多いので注意が必要です。

セルフリノベ用DIYの情報量としてはYoutubeは圧倒的ですが特に海外から発信されているものがおすすめ。商材を購入する場合、個人輸入できるような上級者ならアメリカやイギリス、フランスのamazonアカウントを作って輸入することもできます。ただし、英語やフランス語でしか表記がないのであくまでも自己責任。最近のamazonはシッピングフィーと関税まで計算してくれる商品もあり、輸入が簡単になっています。

houzz

Pinterest

Amazon

施主支給を取り入れた家づくりの考え方

セルフリノベーションでは施主支給は当たり前。自分で気に入ったものを取り入れながらリノベーションを進めるために注意したい点を場所別にまとめました。

Living room

リビング

リビングは家の中心。来客時にも使う場所なので、パーソナルな部分が見える場所です。だからこそ、壁紙の色、床の素材、天井と壁の関係など、自分の好きなスタイルを見つけて、「素敵でしょう」と言える空間にしたいですね。

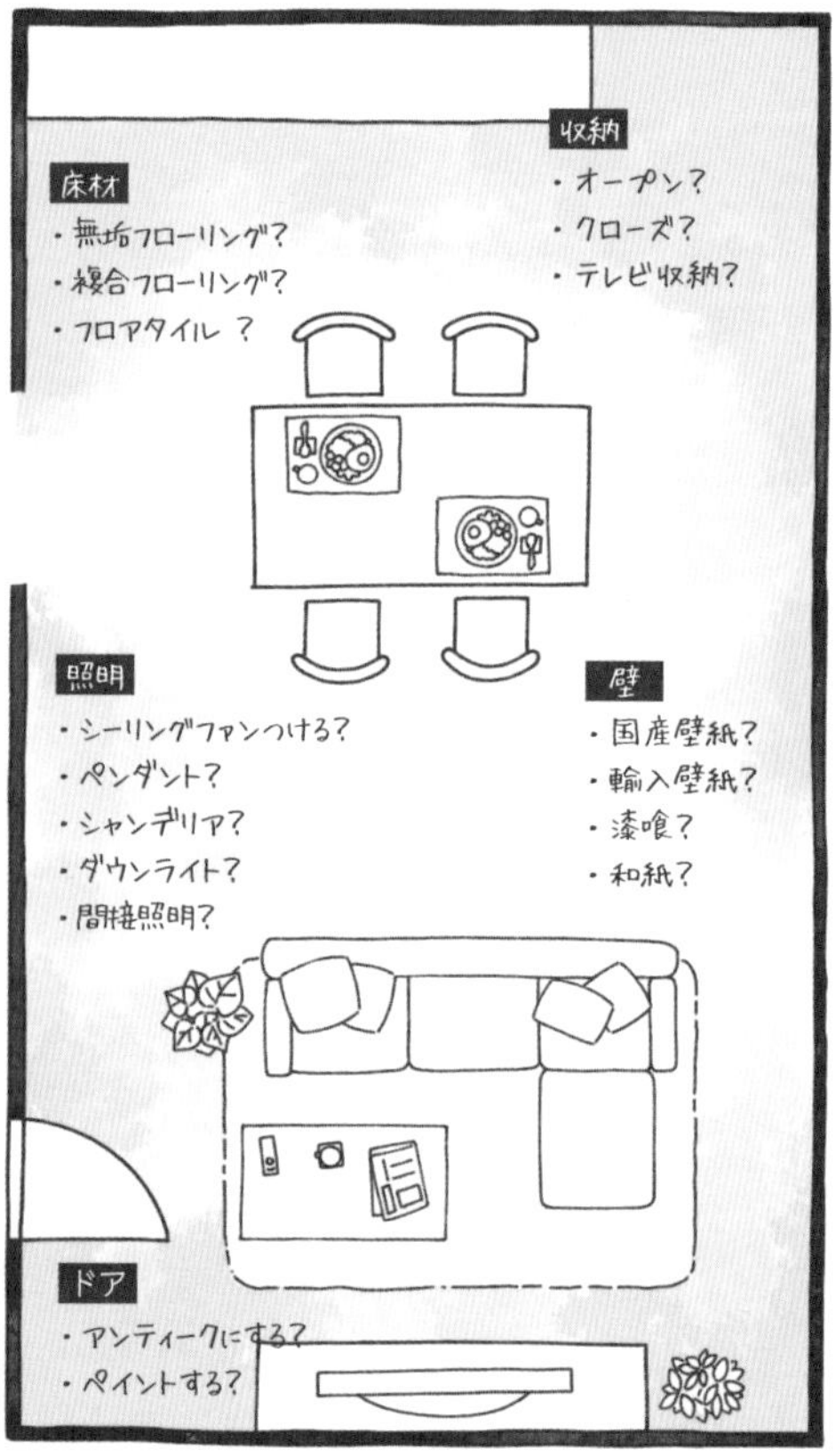

照明

配線工事はプロに依頼すべきところ。どこにどんな照明を入れたいか、前もって相談しておきましょう。すでに天井に引掛けシーリングの配線器具がついていれば、照明器具を引っ掛けるだけなので、施主支給品にするのは当たり前ともいえます。

リビングは家の中で一番広い空間なので、照明器具は空間の広さにあった照度の物を選ぶことが大切です。一般的には100ワット2灯（計200ワット）、60ワット3灯（計180ワット）、シャンデリアの場合は40ワット6灯（計240ワット）など。200ワットから300ワットを目安に考えるとよいでしょう。

シーリングファン

国内メーカーのほかに、輸入品も人気があるシーリングファン。重量物なので取り付ける天井下地と、適度な高さが必要です。リノベーションの場合、下地は天井を開けて追加するので、シーリングファンをつけたい場合は、最初から工務店に依頼するのがベストといえるでしょう。天井の仕上げも必要になるので、下地を追加するときに天井の壁紙張り替えも一緒に依頼するのがおすすめです。

シーリングファンが照明付きのものではない場合は、ダウンライトまたはスポットライトなどの照明が必要なので合わせて検討しましょう。天井の高さが足りなければ、天井を解体して天井高を上げるということもできます。ただしそれは、RC構造の場合。木造は上の階の音が響いたり、暖房効率が極端に悪くなるのでおすすめしません。

ドア・飾り扉

ドアを変えると印象はガラッと変わるので、雰囲気づくりに有効なアイテム。ただしドアは、枠や下地、金物など、ドア本体だけでなく付属する部分が複雑なので、工事を発注する前に工務店側に現物確認してもらう必要があります。特にアンティークのドアは重かったり、毎日開閉する日常利用に耐えられない状態の商品も市場に出回っているので注意が必要です。

床材・壁材・天井

床は無垢のフローリングがおすすめ。磨くなどのメンテナンスで経年変化も楽しめます。ただし高価なことと、環境問題への配慮などから違う素材を選ぶことも多くなっています。

壁は、シンプルな雰囲気が好きなら漆喰や和紙がおすすめです。安いビニールクロスで長い月日を過ごすのはもったいない！　デコレーションが好きなら、老舗壁紙ブランドの物を。ウィリアム・モリスのように世界中で時代を超えて愛されている壁紙は、直接目にするとその価値がわかります。

見過ごされがちな天井は、壁との相性が大切です。色や素材にこだわったり、モールドなどの飾りをつけたり、一部上天井にしたり。さらに天井につく照明と合わせて考えることも重要。間接照明を入れて色を工夫すると、天井が高く見えます。

Kitchen & Dinning

〈キッチン&ダイニング〉

毎日使うところだからこそ、こだわりたいキッチンやダイニング。水回りの施工はプロにお願いするところが多いので、施主支給品を使いたい場合は工務店とよく相談して進めましょう。

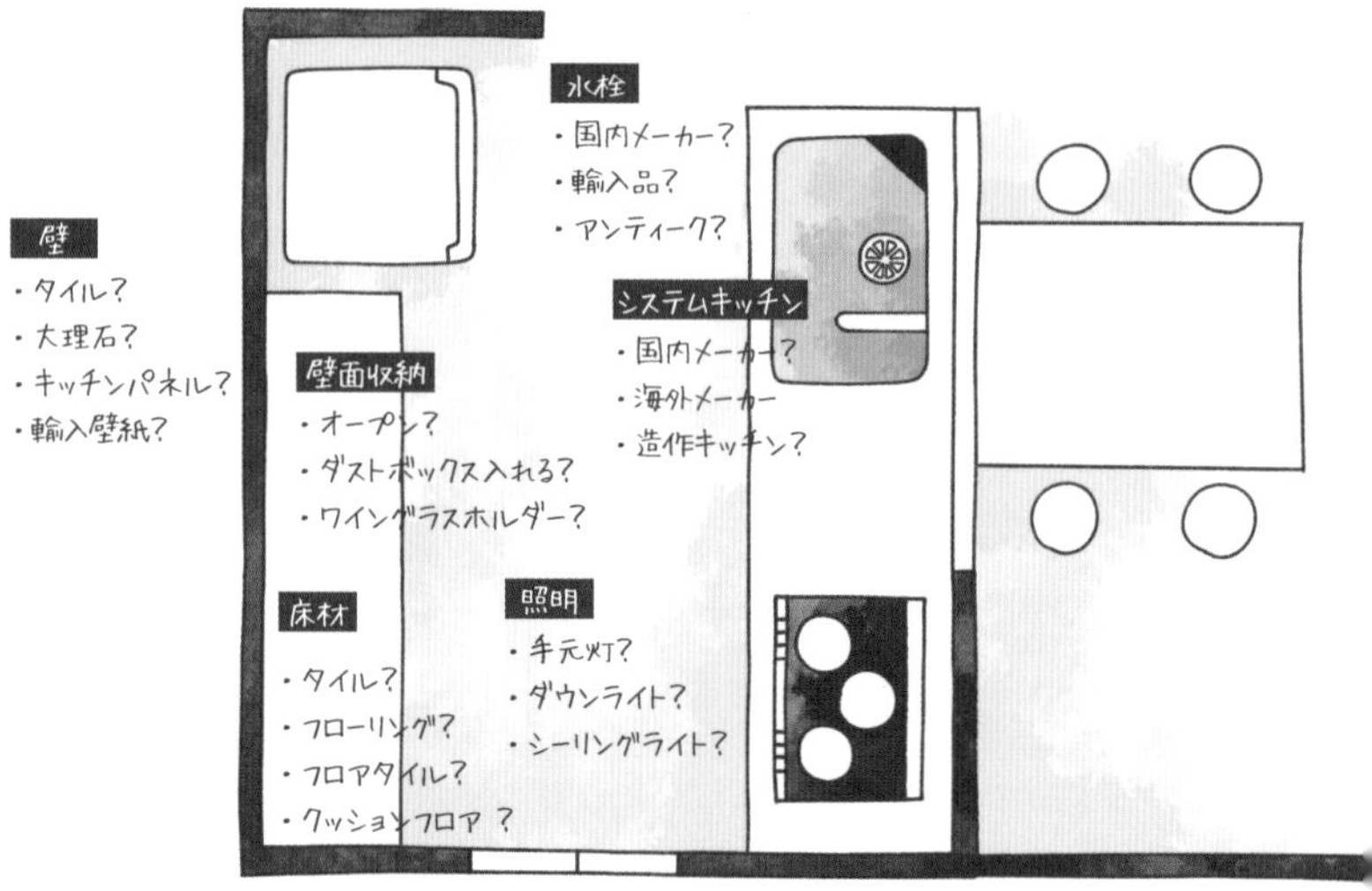

システムキッチン

最近では低価格で、個人でもネットなどで注文可能なシステムキッチンを施主支給する事例が増えています。工務店も施主支給品のシステムキッチンを入れた経験があれば対応もスムーズでしょう。ただし、安価な商品は長持ちしないことが多く、長い目で見れば日本のメーカー品がメンテナンスもよく長持ちします。

最近のリノベーションでは簡単な造作キッチンもよく見られるようになりました。「タイル貼り天板にしたい」「海外のビルドインガスコンロを入れたい」などのこだわりがあれば完全造作キッチンがおすすめ。メンテナンスの手間はかかりますが、オンリーワンのキッチンができます。造作とシステムを組み合わせた高度な技もありますが、理解ができる工務店でないと対応できないのでまずは相談しましょう。

主なシステムキッチンのスタイル

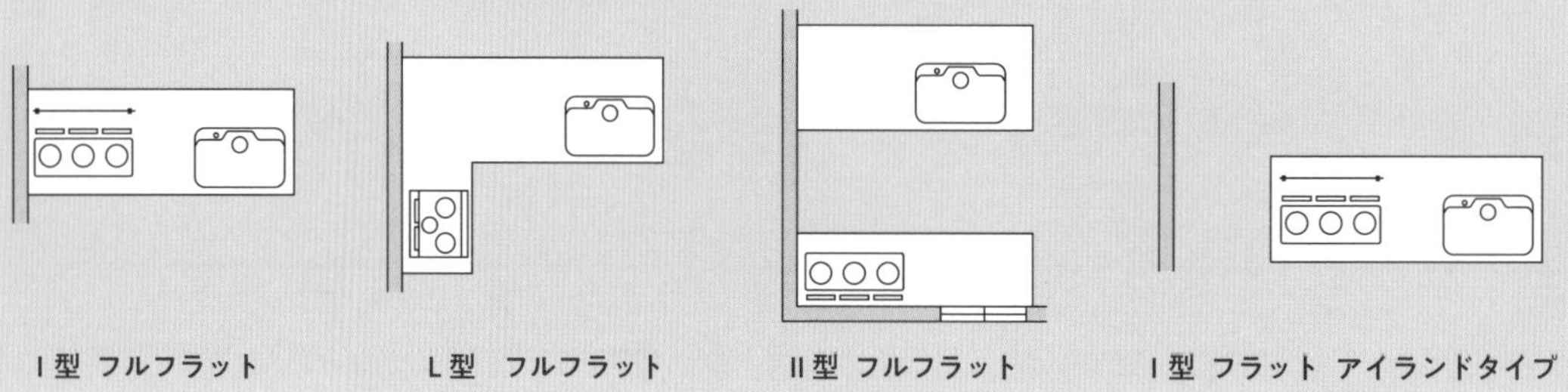

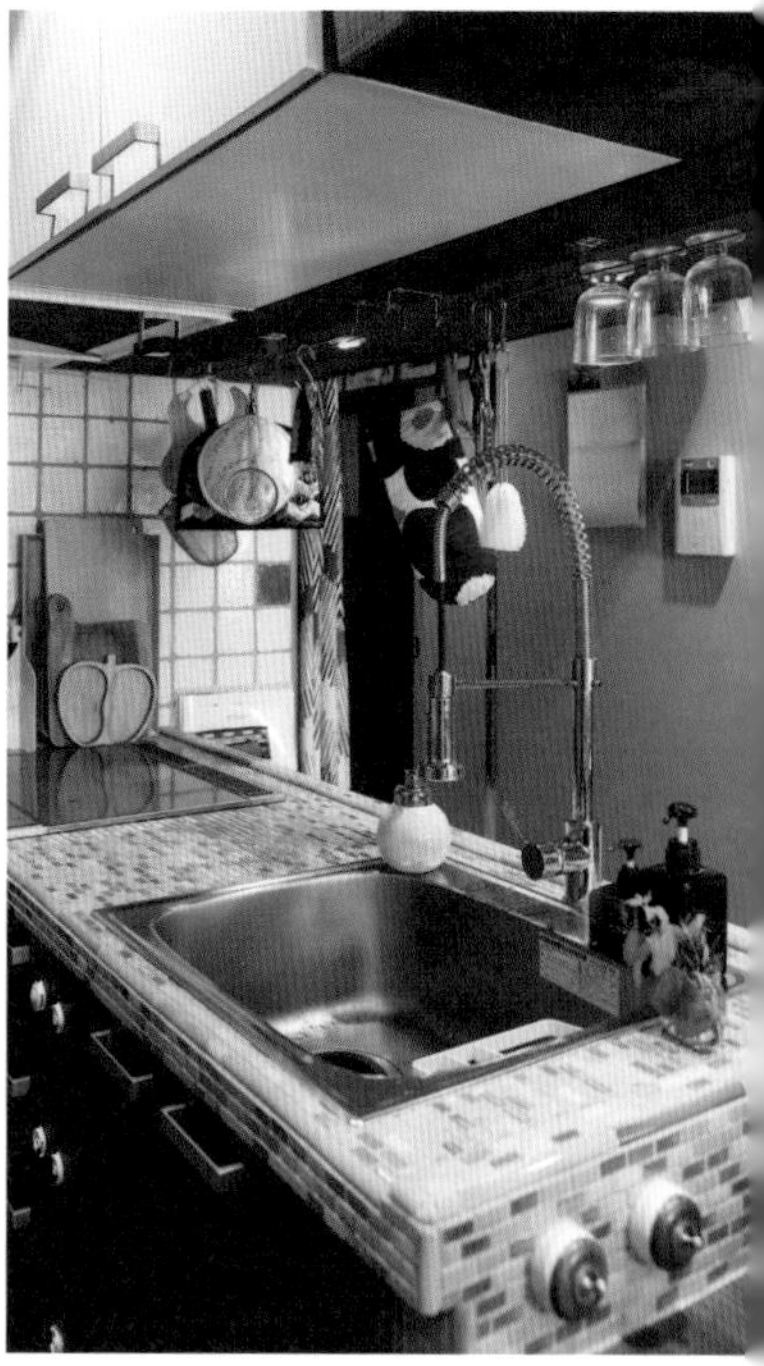

水栓

施主支給で人気があるのは、デザインが良い輸入品やアンティークのものですが、給水管の径が異なったり、特殊なジョイントが必要だったりするので、かなり難易度は高いといえます。海外旅行に行くとおしゃれなものが安く手に入るので、新築やリフォームの予定がある人は先に買っておいても良いかもしれません。ただ施工側は手間が増えて面倒なことも多いので、施工費を高く取られて結局安くならなかったというパターンもあるので気をつけましょう。また、マンションのリノベーションの場合、水漏れで階下への補償問題になっても工事側の保証は使えません。

機能的には日本のメーカーのものが最良。使う頻度が高く、長年使うものなので、高価でも国産品の中からデザインが良いものを探すのがベストと言えます。

床材・壁材・天井

キッチンは油や水がはねるため、床材はメンテナンスしやすい材料がおすすめ。一番良いのはタイルか天然石ですが、それらをDIYで施工するのは困難です。安価に抑えるのであればクッションフロア。安価なので何年かに一度貼り替えて気分転換することもできます。

壁も床と同様、タイルか天然石が理想ですが、天然石によっては、洗剤に反応して色が変わることがあるので、材料選定に気をつけなければなりません。

天井はレンジフードとの関係が大切。一部下げ天井にして色や素材を変えてみると見栄えが良くなります。

その他

- ●ダストボックス→ キッチンにビルドインするタイプにするとすっきり。
- ●収納→ 壁面収納がおすすめ。キッチンの収納力は大切です。
- ●照明→ カウンター上部が効果的でおすすめ。おしゃれな手元灯もあります。

Entrance

玄関

玄関は家に入って最初に見える空間にもかかわらず、長い時間を過ごすところではないので蔑ろにされますが重要なスペースです。収納力を上げればスッキリと見えますし、空間が整えば、お気に入りの絵を飾ったり、特別なミラーをかけたりできます。

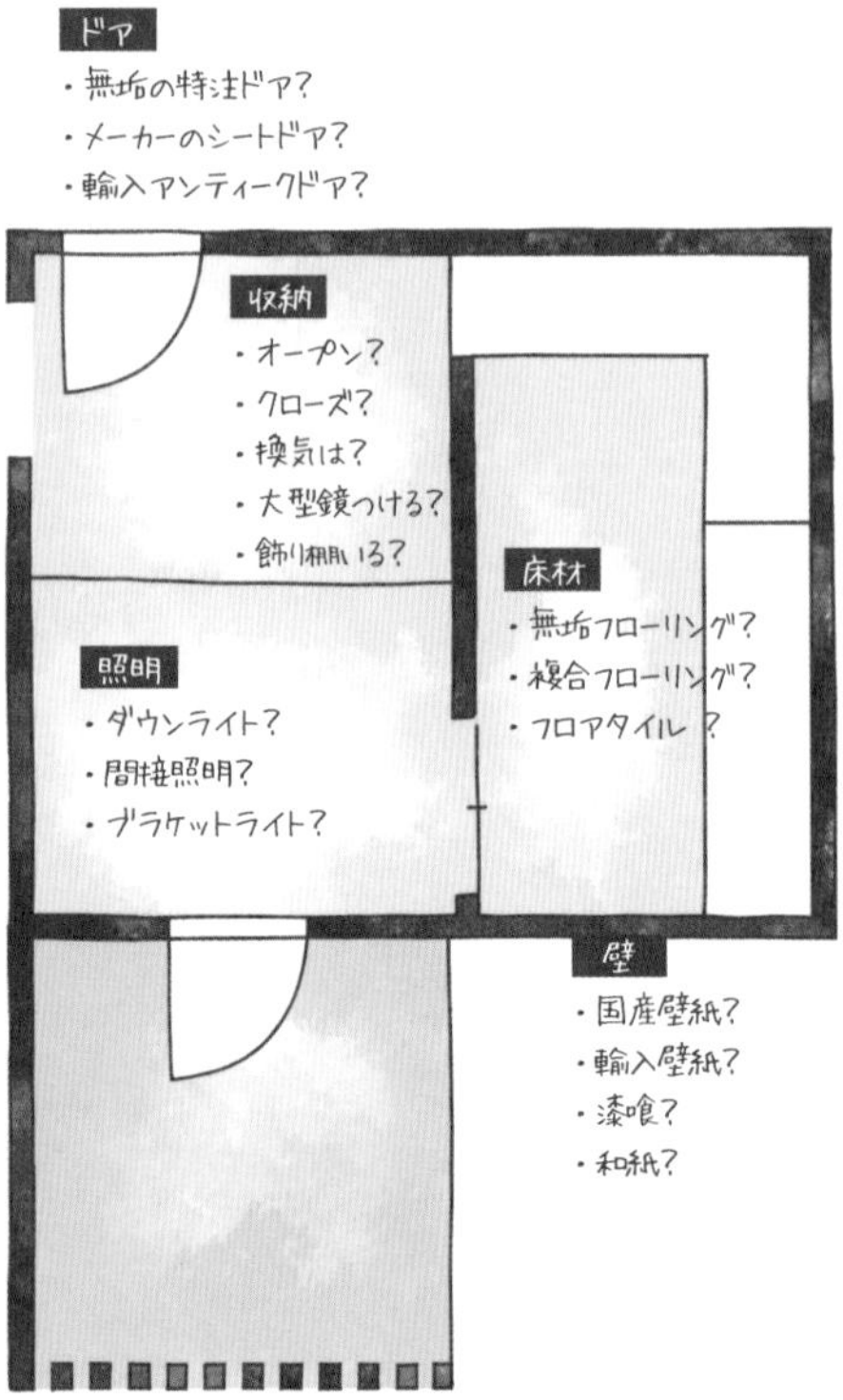

靴箱

扉がついているものがおすすめ。オープンな下駄箱も増えていますが、臭い、汚れのほか、収納力も考えるとシステム下駄箱収納が良いと思います。その分部分的に飾り棚をつけたりすることでメリハリを出します。

ドア

玄関からリビングに至るまでにはドアが何枚かあると思います。そのドアも玄関の空間の一部ですので、ぜひドアと内装のトータルコーディネートをしましょう。

　リビングに入るドアは一番多く使うドア。ドアは造作だと既存の枠にぴったりとつく物も作れますし、最近は大手メーカーも1㎜単位で受注生産で制作してくれるようになりました。アンティークのドアに取り替える場合は、工務店にお願いしましょう。

シューズクローク

リノベーションや新築なら玄関に下駄箱を置かず、別部屋で収納する方法もおすすめです。家の中に1ヵ所、なんでも収納できる大きめのスペースを作っておくと家の中がきれいに保てます。靴だけでなく大きなものも置けるオープン棚を設けたり、上着やレインコートをかけられるハンガーパイプをつけたり、収納したいものを考えてプランニングをしましょう。ただし換気計画は入念に。窓をつけられるかなどを確認して、風の通り道を作りましょう。

照明

玄関を入って正面に見える壁が家の顔です。この場所を特別に見せるためには特別に計画された照明が必要。ブラケットライトやピンホールのダウンライト、間接照明などがおすすめですが、電気工事は資格がないとできませんので、工務店に依頼しましょう。

その他

- 床材・壁材・天井→玄関は家の顔なので、不健康な印象より、朗らかな笑顔の印象がおすすめ。ほこり、湿気、汚れなどが上手に防げる内装材が良いでしょう。

印象的な玄関にするためのひと工夫

「我が家の玄関は狭いから…」「一般的な玄関だから何もできない」という人もちょっとした工夫で、オリジナリティあふれる玄関ができます。

プロに頼む余裕があるなら、たたきをフロアタイルではなくタイルにしたり、玄関の隣にある部屋との間の壁を抜いて飾り窓をつけたり。DIYで仕上げたいなら、玄関正面の壁をチョークボードペイントで塗るのもおすすめ。ウェルカムボードとして使えます。もっと簡単なのはプレートや大きな鏡をつけること。ピンを打つだけなのですぐにできます。

Kidsroom/Bedroom

〈キッズルーム・寝室〉

キッズルームは、子どもが楽しみ、自発的にお片付けや着替えができる部屋作りをしてあげることがポイント。これがきちんとできていない部屋で大人になると、大人になっても片付けのできない子どもになってしまうので、しっかりプランニングしましょう。

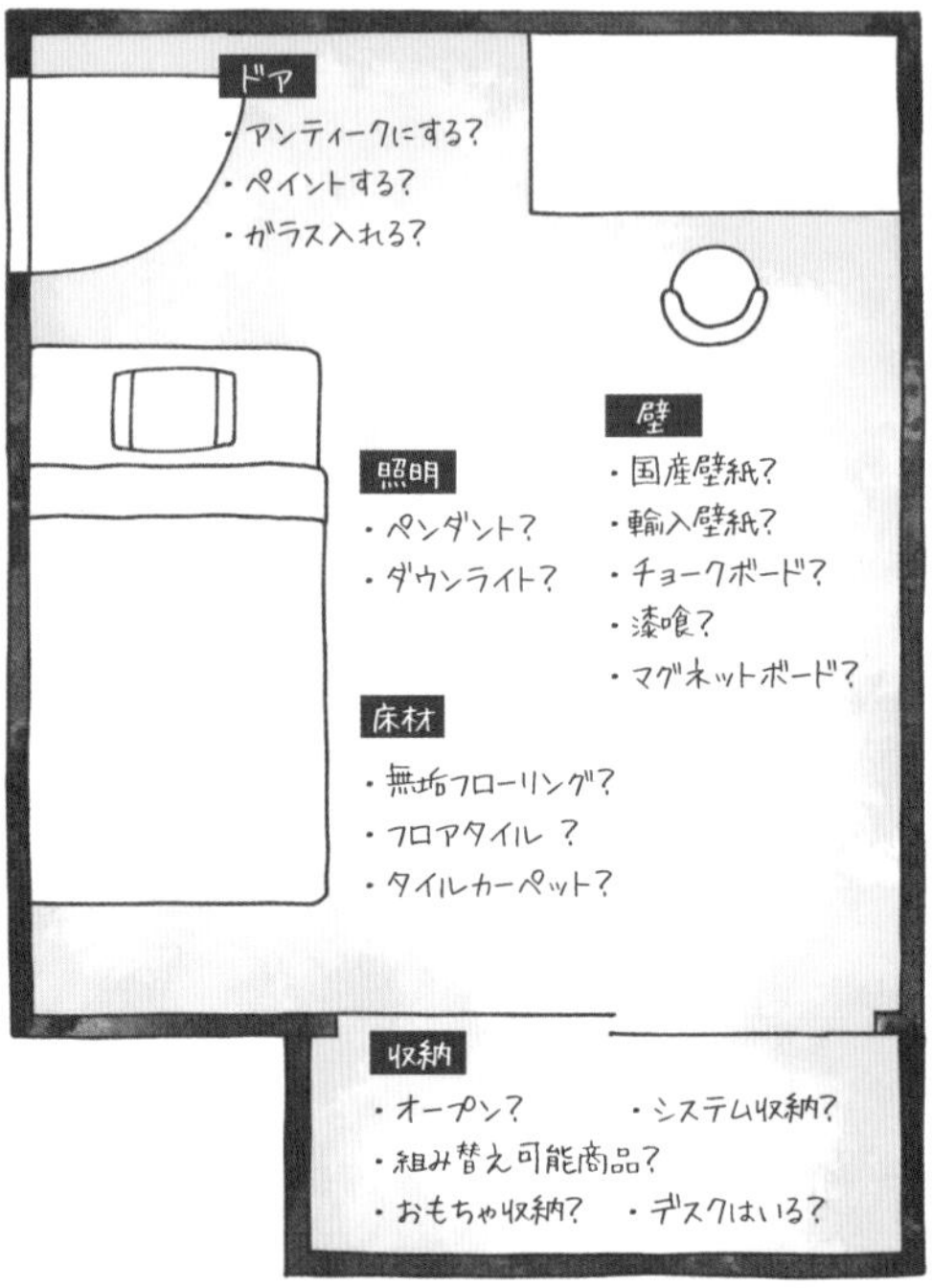

床材・壁材・天井

子どもと選ぶ内装が住育となり、その子どもの子ども（孫世代）の豊かな生活スタイルの考え方に影響します。

素材としては漆喰など、空気を調湿、清浄してくれるものがおすすめ。漆喰で壁天井が施工されている部屋では、寝つきが違いますし、植物もよく育ちます。ビニールの壁紙より断然良いですね。子どもと一緒に塗るのも良い経験になるかもしれません。

壁紙やドアの色なども、子どもと一緒に選ぶのも良いと思います。特に女の子はお洋服を選ぶ感覚で、部屋のインテリアも一緒に楽しめますし、親が与えられる住育としても良い機会になります。

その他

- ●照明→勉強、遊び、リラックスで照明を分けると良い。
- ●ベッドヘッド→子ども部屋ならではの楽しいものを。天蓋やテントもおすすめ。

造り付けデスク・収納

最近はリビングで宿題をさせるので部屋にデスクをおかない子ども部屋も増えました。そのため小学校入学の時にシステムデスクを買わない人も多くなっています。

おもちゃ等の収納も子どもが自分でお片付けできる収納棚やクローゼットがおすすめ。デスク廻りのお片付けや整理整頓、デコレーションは子どもにとって初めての経験になるので、商品選びから子どもと一緒にこだわりたいですね。

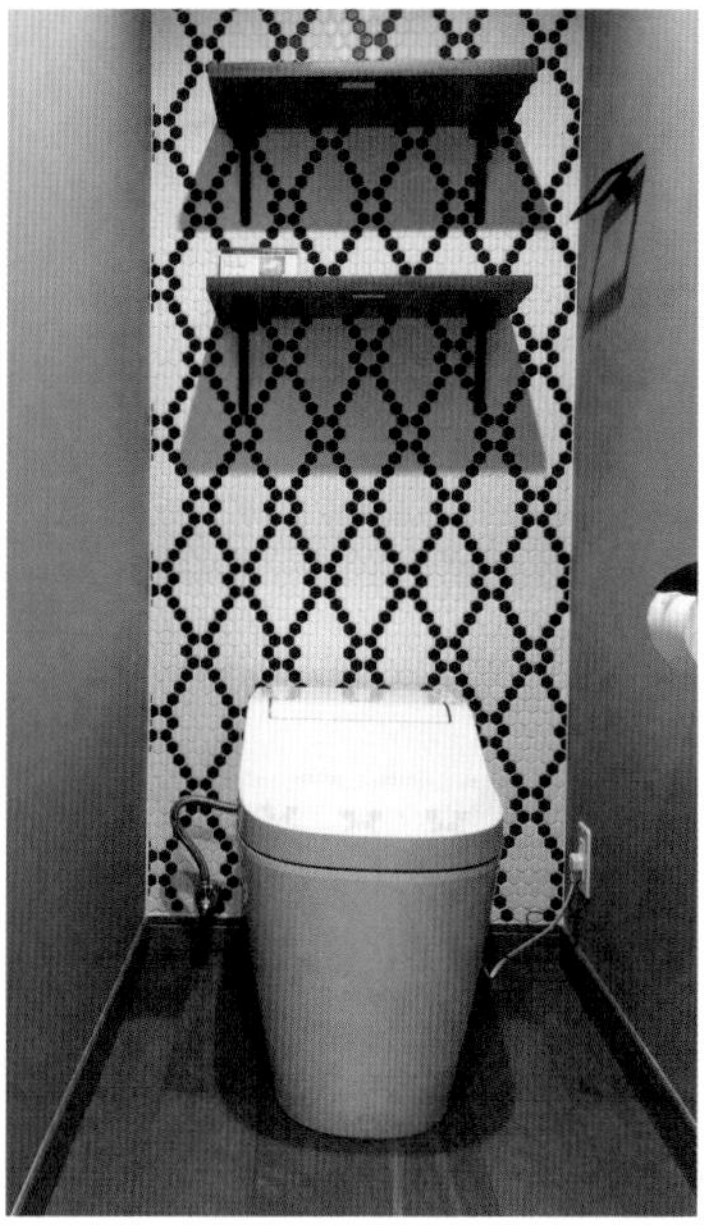

Restroom

〈トイレ〉

家全体ではできなかった内装も、トイレのような小さなスペースなら叶えられることがあります。通気や採光、換気環境などに気をつけてプランニングすると心地よい空間になります。

便器

施工は工務店が行うので、工務店に間違いがないものを仕入れてもらいましょう。

手洗いボウル

パウダールームの洗面ボウル同様、焼き物やガラス製など様々な種類があります。気にいったものを見つけたら、施工は工務店にお願いしましょう。

収納

トイレ背面に棚をつけてトイレットペーパーなどの常備品や掃除用具などをしまう場所を作るのはおすすめ。棚板はＤＩＹで簡単に取り付けられます。

床材・壁材・天井

狭いので多少高価でもこだわりの材料が使える場所です。壁材には消臭や調湿作用のある珪藻土や漆喰もおすすめなので、ＤＩＹに挑戦してみてもいいでしょう。換気、空気清浄、掃除のしやすさなどに気をつけてもの選びをすることが大切です。

ペーパーホルダー

インターネットで検索するとたくさんの商品が出てきます。プラスチックでは味気なさすぎるので、アイアン、真鍮、陶器、木材など空間にあったものを選びましょう。たいていはビス留めするだけなので、ＤＩＹで取り付けられます。

Bathroom/Powderroom

〈バスルーム・パウダールーム〉

バスルームの場合、比較的新しい家のほとんどがユニットバスです。ユニットバスは一部だけ変更はできません。どうしてもこだわりたい場合は造作する必要があります。その点、パウダールームはこだわりを実現しやすいといえます。

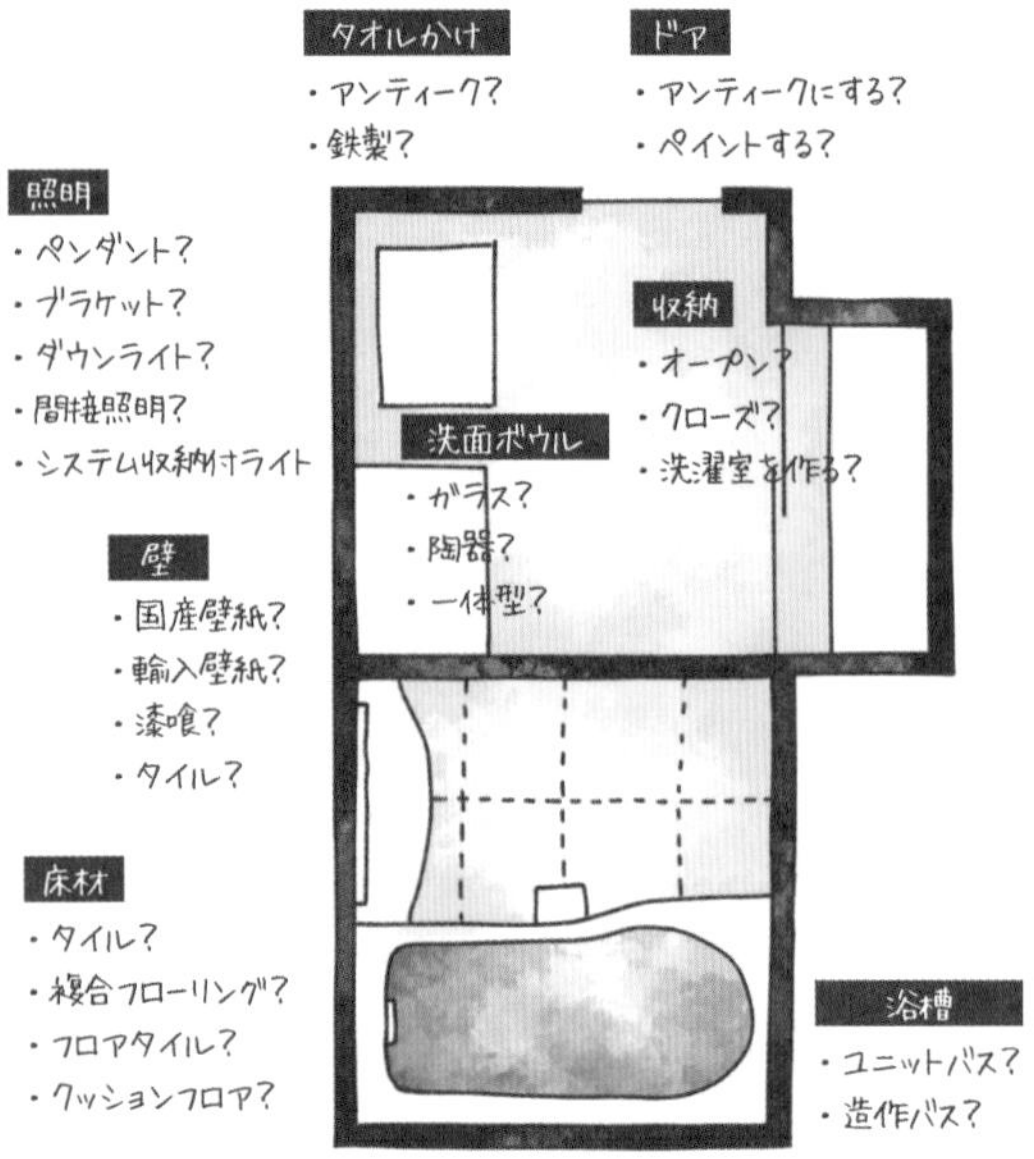

バスタブ・シャワー・水栓

ユニットバスの施主支給は難しく、DIYもできません。取り替えにも100万円単位のお金がかかるので簡単ではありません。バスタブや水栓、収納などの施主支給もユニットバスでは不可能です。

こだわりのバスルームは造作でできています。床をタイル貼りや檜の板張に、バスタブを天然石にする、フランスからアンティークの猫足バスタブを輸入するなど工夫している人もいます。バスタブは高価なので品選びは慎重に。安価なプラスチックのものは長持ちしませんので、おすすめできません。いずれにしても水回りなので、施主支給には細心の注意が必要ですし、理解ある工務店でないとできません。

ユニットバスで何も手を加えられない場合は、壁面に貼って剥がせるシートがあるので、模様替えもおすすめです。ただし、1〜2年の寿命なので、定期的に貼り替えが必要です（→165ページ）。

床材・壁材・天井

ユニットバスでは内装は選べませんが、脱衣所は他の部屋と同様さまざまなものを自分で選んで施主支給することができます。洗面のミラーに映る壁面を中心に計画するのがおすすめです。洗面ボウルと合うもの、湿気に強いものを選びましょう。

洗面ボウル

ペデスタルシンク、美濃焼、ベネチアングラス……などインターネットで探すといろいろなものが出てきます。家の中のいわばアクセサリーなので、こだわりの逸品を探しましょう。ただし、施工は必ず工務店にやってもらいましょう。なかには経験がなく、失敗してしまう工務店もあります。パウダールームの全面リノベーションではなく、洗面ボウルだけを取り替える場合は、事前に洗面ボウルを選んでおいてから、施工できる工務店を探して依頼するのが良いかと思います。

ミラー

空間が広くない場合は収納付きの鏡がおすすめ。壁面埋め込みのものなら狭いスペースでも広く見えます。ミラーと照明を施主支給にした場合、ビスやフックで取り付けるミラーは自分でできますが、照明はプロに依頼することになります。

収納

脱衣所とパウダールームが同じ空間の場合は、タオルや下着などを入れられる大きめの収納を設置すると生活動線が良くなります。洗濯機の近くの収納は、洗濯物ボックスも収納内に入れるとすっきりします。

Closet

〈収納スペース〉

まず最初に、見せたいものなのか、隠したいものなのかによって収納の種類を選びましょう。見せたい収納であれば棚板とブラケット金物（棚受金物）で作るのが簡単で安価。隠したい収納であれば扉を自分でつけるのは難しいので、既製品を選ぶといいと思います。

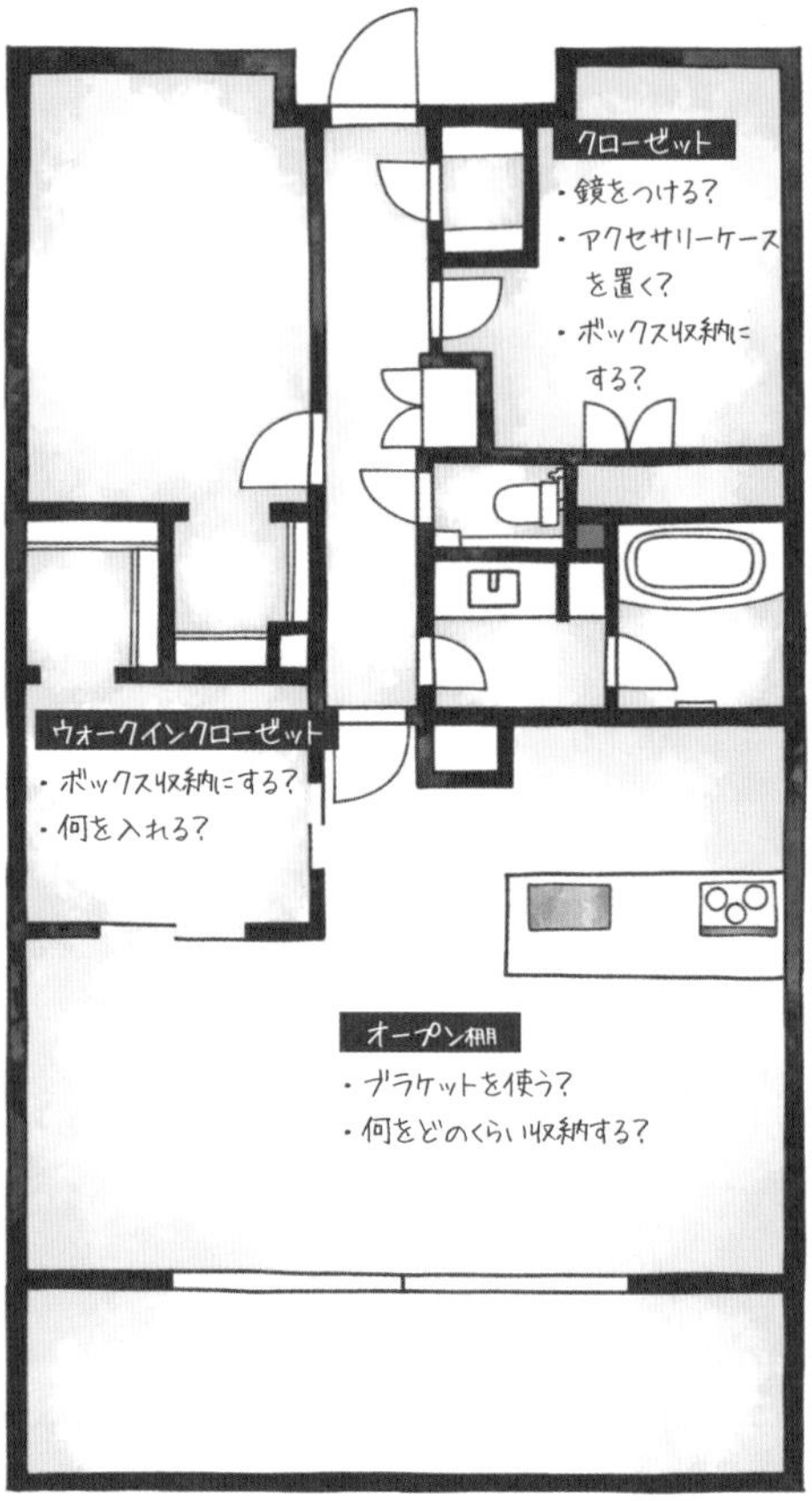

オープン棚

棚板＋ブラケットがあれば、つけたい場所に好きなだけつけられます。ブラケットはさまざまなタイプのものがあるので（→153ページ）好みのデザインのものを見つけましょう。ブラケットなどの金物は下地がある場所のみ取り付け可能なので、下地を探すための道具（下地センサー）が必要です。

クローゼット・押し入れ内

収納の中の収納なので小分けにするためのボックスの積み上げが一般的ですが、スペースの一部に鏡を置いたり、アクセサリー置き場を決めて魅せ場にすると楽しめます。

押し入れは、やはり布団や衣装ケースとの相性が一番。どうしても押し入れ内を別の用途で使いたい時は、床と壁を貼り替えるなどしましょう。押し入れの床や壁は薄いベニヤなので、住空間としては向いていませんし、すぐに傷んでしまいます。

ウォークインクローゼット

ウォークイン、ウォークスルーがあります。ウォークインはコの字型かL型の配置が効率的。荷物の量を把握し、大型収納と小物を分けて配置できる棚にするとより使いやすくなります。

ウォークスルーの場合は脱衣所と寝室の間に設けると、生活動線ができるので家事が楽になります。システム収納部材を組み合わせて作るのがおすすめです。

主なウォークインクローゼットのスタイル

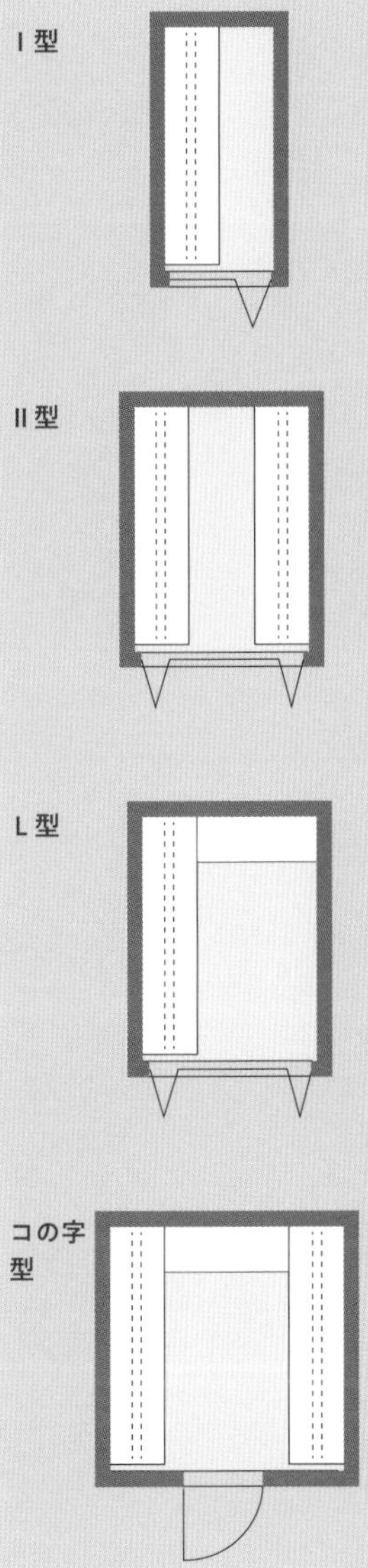

床材・壁材・天井

吸湿、脱臭など機能付き内装材がおすすめ。クローゼットもトイレや書斎と同様、魅せ場を作る収納部分は一部壁紙や色柄で楽しむと良いと思います。常時換気の換気扇があると良いでしょう。

column

SNSにのせる写真をグレードアップする

お部屋写真の撮り方

「セルフリノベーションで素敵なお部屋ができた！」
「DIYしたスペースを見てもらいたい」など、
お部屋の写真をSNSにアップしている人も多いでしょう。
ところが「写真は撮ったけれど実際より狭く見える」
「かっこよく見えない」など、写真の撮り方がわからない人も多いはず。
そこで、一眼レフ・ミラーレスカメラを中心に、コンパクトデジカメ、
スマートフォンなどでお部屋写真を撮るときのコツをご紹介します。

ステキなお部屋写真を撮るための構図の取り方

　撮影する前に、その部屋で自分がいちばん見せたい部分はどこかを考え、視点をあちこちに移動しながら、見せたい部分がいちばん美しく、カッコよく見える場所を探します。そのとき、一つの画面の中であれもこれも見せようと欲張るのではなく、いちばん見せたい部分以外は出来るだけ画面から排除するようにするのがコツです。

　部屋全体を見せたいなら、その部屋全体を最初に見渡せる入り口付近や、その部屋でいつもいる場所からの視線の方向で撮ることを考えましょう。部屋作りをするときは、基本的にその視線で考えることが多いはずですから。

　ステキな壁紙に貼り替えたことやお気に入りのインテリアを強調したい場合は、特に見せたい部分にフォーカスを。インテリアのレイアウトを説明的に見せたい場合には、正面中央からカメラを壁に正対させ、壁面の平行や直角が歪まないようにして撮影すると、配置のバランスがわかりやすいです。

部屋全体を見せたいときは、どこから撮る？

　部屋全体を見せるには、部屋の隅から撮影する必要があります。入り口となるドアを開けたところから撮ったり、部屋の主要部分が見渡せるコーナーぎりぎりまで下がって撮ったりするといいでしょう。

　部屋の全体を撮る場合、画角の広い「広角レンズ」が必要になります。一般的なスマートフォン（以下、スマホ）やコンパクトデジカメ、レンズ交換式カメラのキットレンズでは、一般的に焦点距離28㎜（35㎜判換算値）くらいの画角が最も広い画角になりますが、それでも不足することが多いです。

　そこでもっと画角の広い「超広角レンズ」を使用します。超広角レンズは画面内の遠近感が強調される特徴があるので、部屋が広々として見えるようになります。できれば焦点

◀◀◀ 部屋全体を見せる

特に壁紙を強調して見せる ▶▶▶

（写真上）35mm 判換算 26mm 相当の画角で撮影
（写真下）35mm 判換算 14mm 相当の画角で撮影

教えてくれたのは

飯島 裕さん

広告、雑誌、書籍などで活躍するフリーカメラマン。本書では 58 ～ 89 ペ ー ジ、116 ～ 134 ページなどの撮影を担当。写真・カメラ誌、科学関係誌や天文情報誌などで執筆も行っている。

距離20㎜（35㎜判換算値）より広い画角のレンズが欲しいところ。最近ではスマホでも超広角カメラを搭載している機種もありますし、スマホに取り付ける超広角アタッチメントもあります。

お部屋の写真をまっすぐに撮るにはどうしたらいい？

カメラが左右方向に傾くと部屋の垂直線が傾いて画面が不安定になりますから、カメラを水平にすることが重要です。カメラ内蔵の水準器があればそれを表示させて左右の傾きを防止します。水準器がないカメラでは、画面中央あたりに写っている垂直線（柱や窓、家具の縦線など）がまっすぐになるようにします。カメラのファインダーやモニターにグリッド（方眼ライン）を表示させて目安にするとよいでしょう。スマホの場合もほとんどの機種にグリッド機能がついていますので、表示させて使いましょう（Android の場合はカメラ機能の中にある「設定」で確認、iPhone は本体の「設定」の中にある「カメラ」項目から設定）。

カメラを構えるポジションは、基本的に部屋の高さの中間あたりが良いでしょう。その高さ（立ったときの胸から目の高さくらい）でカメラの前後方向も水平になるようにします。カメラが上を向いたり下を向いたりすると、部屋の垂直線（柱や家具など）の上すぼまりや上広がりになってしまいます。少しならあまり不自然になりませんが、部屋の垂直線はできるだけ平行になるようにしたいところです。

窓から入る光を使うか、フラッシュを使うか？

部屋を見せるときに光はとても重要です。昼間の明るい時間には、窓から差し込む自然光を使うとナチュラルな雰囲気の写真になります。ただし直射日光が強烈に差し込んでいると、陽の光が当たった部分とそれ以外の場所の明るさの差が大きすぎて、写真ではきれいに表現することが出来ません。そのため写真撮影には薄日の差し込むような天気のときがオススメです。

日差しが強い時は、レースのカーテンを閉めた状態で撮影する方法もあります。部屋の奥まで光が差し込む、朝や夕方に撮影するのが良いでしょう。そのとき、昼間でも部屋の照明を全て点灯しておいた方が部屋がきれいに見えます。

夜の部屋は照明がひとつのキモですから、基本的にその光を使って撮影をします。複数の照明があって調光できるときは、それぞれの光のバランスを考えていろいろ試すと良いでしょう。

夜で暗いからといってフラッシュ

を使うと光の雰囲気が台無しになってしまいますので、オススメしません。照明の当たった部分とそれ以外の明るさの差が大きな場合に使うこともありますが、フラッシュ光の当て方や光の色の調整が必要で、かえって難しくなってしまいます。

カメラの露出補正を利用して明るさを調整する

カメラの自動露出機能では、部屋全体が白っぽい場合、写真が暗くなりがちです。白っぽさをそれらしくきれいに見せるためには、露出補正をプラスにして画面全体を明るく見せるようにします。逆にダークな色調の部屋では、マイナス方向に露出を補正します。現場ではよくわからず難しいときは、自動的に明るさを変えて数コマ連写する「ブラケット撮影」をして、後からちょうどいい明るさの写真を選ぶという方法もあります。

太陽光、LED照明、蛍光灯、白熱灯など、光源の種類によってホワイトバランスを合わせる必要がありますが、今のカメラは優秀なのでカメラまかせのオートでだいたい大丈夫です。白熱灯や暖色系のLED照明だと、カメラによってはしっかり補正しすぎて暖かい雰囲気がなくなってしまうこともありますので、オートホワイトバランスを補正したり、マニュアルで色温度の設定をしてみましょう。

スマホアプリを使って写真を加工してみよう

ホームページやインスタグラムなどに施工事例などをアップすることもある坂田夏水も、普段の撮影はもっぱらスマホ。スマホで撮った写真はほとんど、写真加工アプリで補正してからアップしています。そこでメインに使っている無料アプリが「Snapseed（スナップシード）」。Android・iOS両対応で、無料とは思えないほど多彩な機能を持ったアプリです。

豊富なツールの中でも、写真の角度や奥行を変更したり歪みを直す「射影変換」、電気のせいでオレンジっぽく見える部分を見た目通りの色にする「ホワイトバランス」など、お部屋写真を撮る際に便利なツールが揃っています。

射影変換機能を使って曲がっているお部屋をまっすぐに。

色味を補正して全体を明るく。

リノベーション

店舗の場合は住宅とは違い、新築よりも空き店舗を借りるなどして新たに内装を施す場合がほとんど。店舗オーナーの店づくりへの想いを汲み取りながらプランニングし、お客様に喜ばれる店づくりをしていきます。店舗の場合は内装すべてを工務店などのプロに発注することが多いのですが、なかには自分でできることも。ここでは夏水組が手がけた店舗に加え、2020 年夏に移転した夏水組の店舗「Decor Interior Tokyo」の新店舗のセルフリノベーションの様子を大公開します。

Part.4

お客様に喜ばれる

店舗のセルフ

WAKU + Gifu

くまもり食堂

Decor Interior Tokyo

case1

岐阜市

WAKU+ Gifu

新築やリノベを考える人が内装をトータルで考えられる店に

WAKU+Gifu

リノベ POINT

POINT 1 新築時の内装がすべて見ながら決められる

POINT 2 使用感がわかる展示をする

POINT 3 モノとモノの組み合わせを楽しめる陳列

商品の壁紙やペイントを使うので実際に使ったときの雰囲気がわかる

注文住宅を中心に手掛ける工務店が運営する、壁紙やペイント類などの内装資材から照明や家具、インテリア雑貨などが揃うショップ。元々は住宅建材のショールームでしたが、注文住宅の打ち合わせをしながら内装のアイテムも実際に見られたら

インテリアを考える際に重要となる照明のラインナップが多数。特にペンダントライトは使用感を感じられるよう、店のあちらこちらに展示されています（写真右）。広い店内にはキッチンやリビングダイニングをお部屋ごとコーディネートした空間も。システムキッチンから家具、グリーンまでトータルで考えられます（写真上）。

店内のほぼすべての壁に、ここで購入できる壁紙やペンキなどが実際に使われています。壁紙売り場でないところでも壁一面の雰囲気を見たり、壁紙と合わせて家具を選んだりできます。

……というコンセプトでリニューアルが行われ、夏水組がプロデュースしました。

ショールームを兼ねた店内では、さまざまな壁紙が貼られています。特に人気のあるウィリアムモリスのような大胆な柄の輸入壁紙は、実際に貼られている様子とカタログで見るのとはまた違った印象になるので、導入を考えている人にはうれしいところ。また、新築の際はトイレのペーパーホルダーやタオルハンガーといった細かなもの、各部屋の照明など選ぶものがたくさんあります。それを店内で実際に見て、多彩な商品の中から組み合わせを考えながら選ぶことができます。

打ち合わせをしながら取り入れたい内装や細かなアイテムを選べるのはもちろん、工務店とは関係なく来店したお客様が、商品を見ているうちにリフォームや新築へ話が進むなど、＋αのうれしい効果も生まれています。

1. トイレの手洗いスペース。奥の壁紙と手前の壁紙、ミラーや照明との相性など、ここだけでもいろいろ見られます。**2.** 人気のあるウィリアム・モリスの壁紙。トイレなら冒険も。**3.** 本棚風の壁紙もユニーク。**4.** 全て壁紙でなく、間にペイントした部分をはさんだ場合の実例もあります。

タオルハンガーやフック、ブラケットなどの金物が一堂に会したコーナー。実際に取り付けてあると、使用したときのイメージがわきやすくなります。

ペイントしたドアや壁と、大胆な輸入壁紙の組み合わせも考えられるコーナー。実際に近い広い面積で色合わせが考えられます。

DATA

WAKU+ Gifu

岐阜県岐阜市南鶉6-12-2
10:00～18:00
水曜休（祝日の場合は営業）
058-214-3510

case**2**

東京・吉祥寺

くまもり食堂

客層と店主のキャラクターを結びつけた コンセプトから考えた店づくり

パリ色を組み合わせて
色と光で魅せる女性好みの店に

東京・吉祥寺、人気店が立ち並び、人通りの多い中道通り沿いにある「くもまもり食堂」。オープン当初は清楚な真っ白の内装だったところ、料理やオーナーシェフの雰囲気と合っていないのでは？　と夏水組にリノベーション依頼があり、外観や内装だけでなく、店名やロゴ、メニューも見直しました。

オーナーシェフはクマさんのような愛らしいキャラクター。出す料理もモリモリと盛りつけられていたので、〝クマが営む食堂〟のイメージで店づくりをしました。女性や子ども連れが来て楽しめる店内を……と考え、乙女心がくすぐられるような

夏水組セレクションの壁紙には扉付きミラーやフレームなどを飾りました。照明なども厳選したアンティーク風な内装に。

くまもり食堂
リノベPOINT

POINT 1　**女性に好まれる色使い**

POINT 2　**ガラスの照明による光の反射を楽しむ**

POINT 3　**内装・メニュー・シェフのキャラクターを結びつける**

カウンター上の壁は大人色のレッドを。壁にはガラス窓を埋め込んでいて、ほのかに入る光が閉塞感を和らげています。

内装に。いすや壁の一部は夏水組カラーのペイントを塗り、フレンチスタイルのかわいらしい雰囲気に仕上げました。アンティーク調のシャンデリアやステンドグラスの照明、壁にかけられたフレームや扉付きミラーなども女性が好む内装に合わせた装飾です。客層とオーナーシェフのカラーを見据えたコンセプト設定から作り出す店舗リノベーションで、人気店に生まれ変わりました。

奥に長く広がる店内。壁や床は白やグレーを基調に、パリの色を再現した夏水組のペイントカラーがさし色になって女性好みの内装に仕上がっています。シャンデリアの光が壁や天井に反射して幻想的です。

カウンター席前の窓枠は店内のキーカラーであるレッド、奥の壁はスモーキーなグリーンにペイント。床はヘリンボーン柄のクッションフロアを敷きました。

2

1

1. 照明は柔らかな光を放ち、温かな店の雰囲気が外からでも感じられます。 **2.** 違う色でも同じトーンでペイントをすることで、雰囲気に統一感が生まれます。ここでは夏水組が手がけましたが、家具のペイントならDIYでもできます。

3

5

4

3. かわいらしい装飾が施されたレジカウンター。中から出てくるのはクマさんかも⁉　食事を終えた後も楽しい雰囲気に。**4&5.** シェフの雰囲気と作る料理から「クマさんがモリモリっと……」をイメージして作ったロゴ。ドアだけでなくカウンター上のガラス窓からも見守ってくれています。

DATA

くまもり食堂

東京都武蔵野市吉祥寺本町2-20-7
11:30〜22:00　火曜休
0422-23-2533
JR吉祥寺駅より徒歩5分

case3

東京・吉祥寺
Decor Interior Tokyo

ファッションのように住まいのものを選ぶ DIYグッズから内装建材すべてを詰めた店

Deor Interior Tokyo
リノベPOINT

POINT1 壁のペイント色を数種類使う

POINT2 クッションフロアは3種類で剥がせる仕様に

POINT3 古材を取り入れる

ショールームも兼ねて商品の施工実例を見せる店舗づくり

東京・代官山にあった坂田夏水が率いる夏水組の実店舗、Decor Interior Tokyoを吉祥寺に移転。も

フックや取っ手、プレートなどはビスで取り付けることができるので、もっとも手軽にできるセルフリノベ DIY。ヨーロッパで仕入れたものもあります。

店を入って左の壁には壁紙や襖紙、マスキングテープなど「貼る」アイテムがずらり。奥は夏水組オリジナル水性ペイント。中央にはインテリアコーディネートに使える小物や造花なども置かれている。床のフロアシートは手前から違う柄を3枚使って、実際に敷いた雰囲気を見ることができる。インテリアコーディネーターや DIY に詳しいスタッフも常駐しているので、気軽に相談できる。

ともと酒屋だった店舗を、プロの手を借りながらスタッフ総出でリノベーションしました（作業の様子は124〜134ページ）。決して広くはない店内ですが、壁紙やペンキなどの定番DIYグッズから床材や建具などの資材、小さなインテリアデコレーショングッズまでカテゴリーごとに分類して陳列しています。

グッズや資材が揃うだけでなく、ショールームとしての機能も備えている点が普通のインテリアショップとは違うところ。3面ある壁はそれぞれ違う色の夏水組オリジナル水性ペイントで塗り、床も3種類のクッションフロアを貼っています。古い建具を取り入れたり、そこかしこに照明をぶら下げたり。実際に使用したときの質感や色合わせなどが体験できるようになっています。ほかにもブラケットでの棚付けや、ボックスを組み合わせた棚作り、マスキングテープを使った装飾など、店内には実例がぎゅっと詰まっていて、豊かな住まいを楽しむために必要な要素が揃います。

夏水組オリジナルの水性ペイントや漆喰、ヴェネチアンプラスターなどの塗料が置かれたコーナー。移転前の店舗で使っていた棚板をブラケットで取り付け、補強板も入れた。上の換気窓は古い観音開きの窓を、横にして取り付けている。

1. 本来は棚板を置いて棚を作るための金物を取り付け、輸入壁紙を陳列。個性的な輸入壁紙をボードに貼ってインテリアパネルを作るワークショップなども開催しています。**2.** ウィリアム・モリスの壁紙は店頭に並ぶほかにもたくさんの柄があるため、見本帳を置いています。

2

1

3. レジを置いた会計カウンターは前店舗でも使っていた手作りのもの。無機質なレジは極力隠しています。**4.** 使う分だけ切り離して使えるシート状のタイル。施工の難易度が高いが、洗面所の水回りやキッチンカウンターなどで根強い人気があります。**5.** インテリアマスキングテープやフィルムテープ、タイルステッカーなど、「貼る」アイテムをまとめた棚。初めて手に取った人でも使い方がわかるようにPOPで説明しています。

DATA

Decor Interior Tokyo

東京都武蔵野市吉祥寺本町2-26-10
12:00～19:00
0422-27-5193
JR吉祥寺駅から徒歩6分

のすべて

東京・吉祥寺でリニューアルオープンした店舗のリノベーションは、プロに任せるべきところは任せ、できるところはすべて従業員一丸となって仕上げました。作業中には思いがけないアクシデントも！ オープンに向けて急ピッチで仕上げた工程の様子を大公開します。

リニューアルオープン ～15日前

間仕切り壁の設置や電気工事・水回りはプロに依頼

1. 元は酒屋さんだった物件。ガラス窓や自動ドアはそのまま、電気の配線やトイレなどの電気・水道設備等はプロにおまかせ。左右の壁はいち早く、夏水組セレクション水性ペイント２色（メルドゥニュイ・ノアール）で塗り分けた。

2. 奥の壁は今回のリノベーションで作ったもの。壁の奥はミーティングスペースとなる。

Decor Interior Tokyo

INTERIOR MATERIAL STORE

全部見せます！
店舗リノベーション

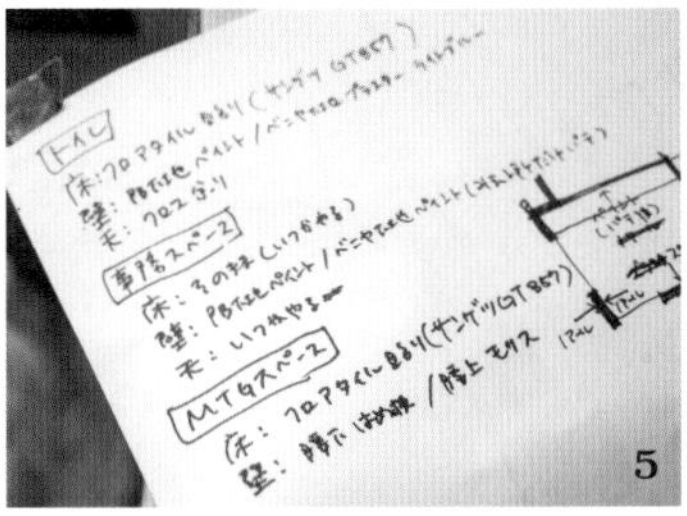

5. スタッフでやるべきことを書き出す。事前打ち合わせで決まっている使用素材も、スタッフ全員がわかるように。

アンティークドアの利用例を限られたスペースで

剥がせる壁紙は剥がしてからペイント

6. 古い壁紙は剥がしてからペイント。ただし築 40 ～ 50 年経っている場合や、壁紙が何重にも重ねて貼ってある場合は無理に剥がさないこと。

3. 本来は観音開きだった扉を横向きに設置し、天井近くの換気窓として利用。金具をつける向きでこのように違う使い方もできる。

4. 以前、夏水組のオフィスで使用していた古いお屋敷のドアを、打ち合わせスペースとバックヤードとの間に再利用した。

ガラス戸はきれいにしてそのまま利用

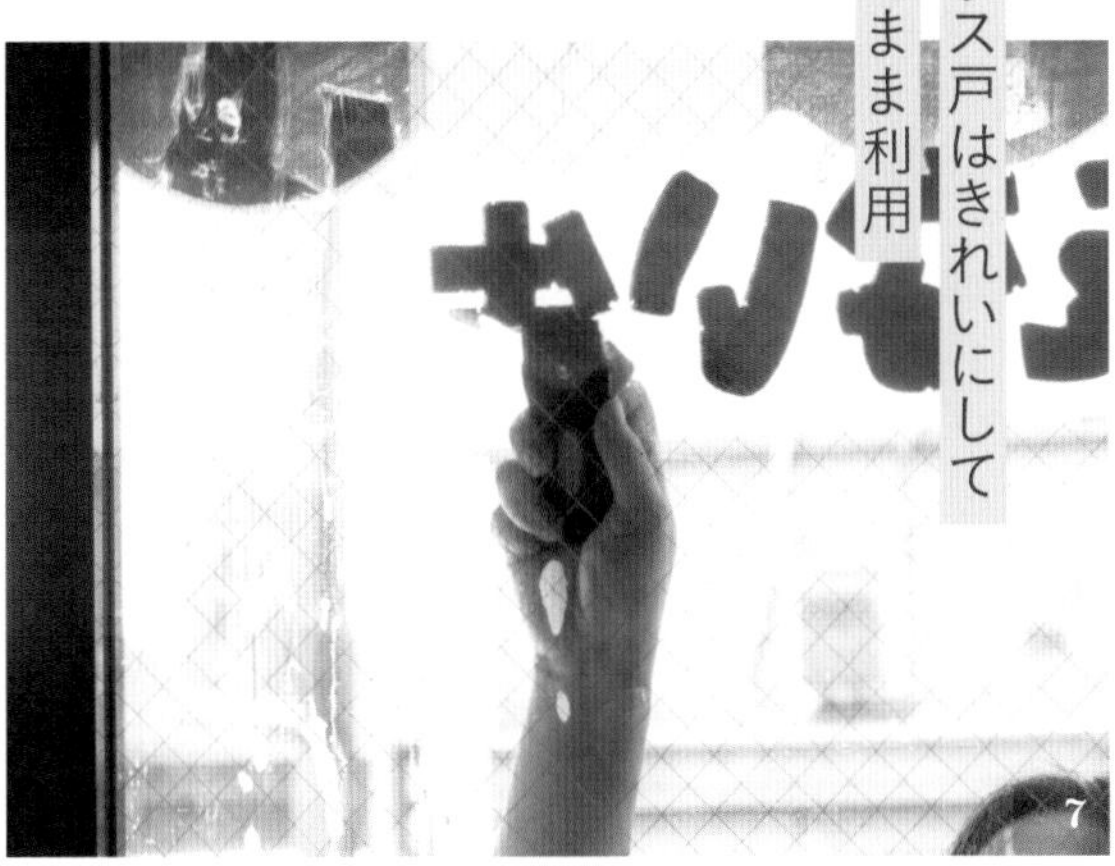

7. 通りに面している部分はガラス窓とガラス戸の自動ドア。酒屋さん時代のステッカーやテープ跡などはきれいにはがして、ガラス窓や戸はそのまま利用。使えるものはそのまま使うことで予算削減に。

リニューアルオープン
~15日前

ベニヤの継ぎ目やビスはパテで埋める

2

1

1. 素人が使いやすいホイップ状「軽パテ」。ホームセンターなどで購入できる。
2. ペイントする前にベニヤの継ぎ目やビス穴部分をパテで埋めることで仕上がりがきれいになる。壁紙を剥がしときに裏紙まで剥がれてしまった場合も、その部分はすべてパテを塗って埋める必要がある。

ショウルームも兼ねて3色の水性ペイントで塗り分け

5

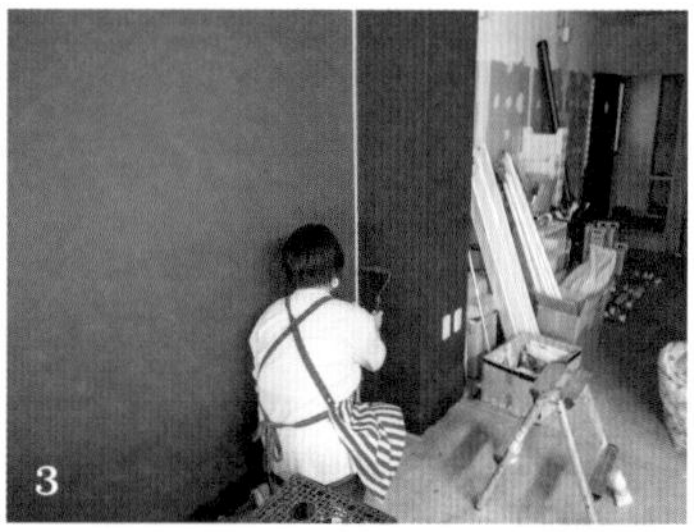
3

4

3. 柱部分は夏水組ウォールペイント「リードゥヴァン」を使用。小さなペイント見本よりも、こうして少しでも大きな面積で見ることで塗った雰囲気がわかる。
4. 柱の「リードゥヴァン」のほか「オベルジーヌ」「メルドゥニュイ」でここだけでも3色に。
5. 建具部分などはしっかり養生して、どんどん塗っていく。

7-8. ミーティングスペースのボックス収納を置くスペースの壁はウォールペイント「グリーペルル」でペイント。スタッフの中にはペイント未経験者もいるので、コツを伝授しながら作業。ローラーは細かく押し付けて動かすのではなく、大きく動かすのがコツ。

ペイントに慣れないスタッフも奮闘

7

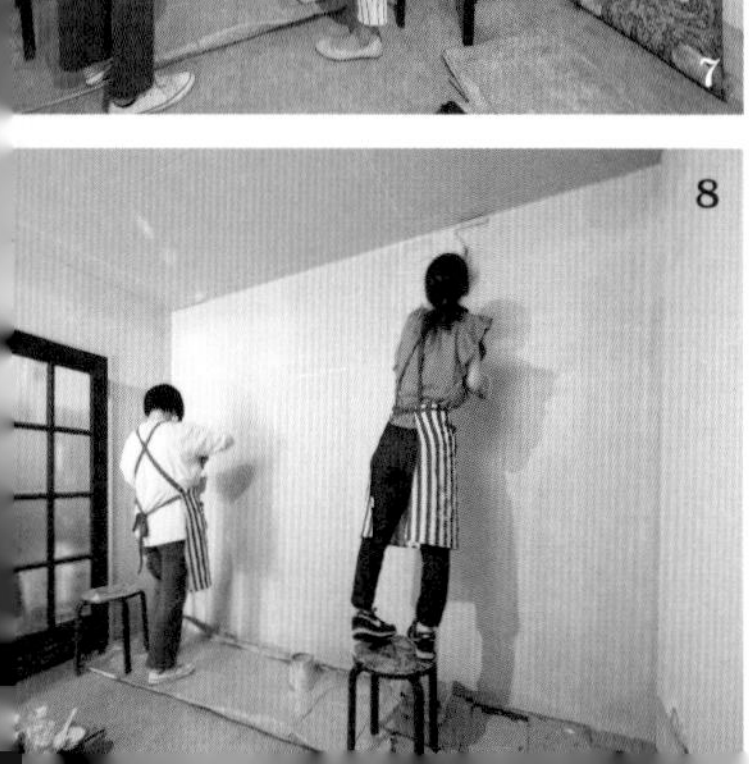
8

ミーティングスペースの一面は塗り壁に

6

6. ベニヤで作った壁のミーティングスペース側は塗り壁に。ベネチアの街の建物に使われている輝く漆喰、「ベネチアンプラスター」を塗ったが、後日、色に納得がいかず「Decor Stucco」に塗り替え。窓がない部屋は明るめの色を使うほうがよい。

トイレの床にフロアタイルを貼る

10

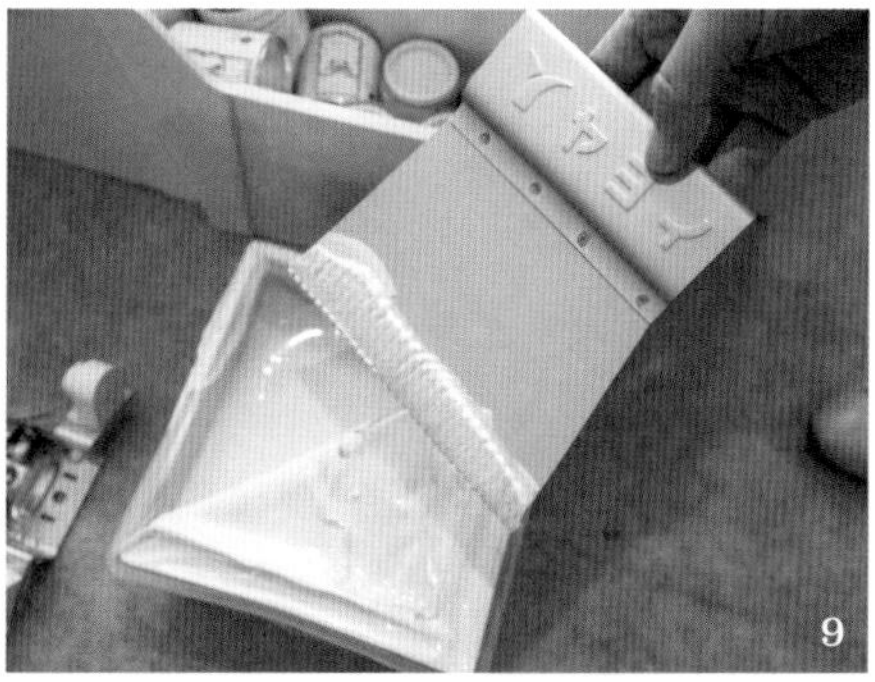
9

11

9. フロアタイルを貼るための接着剤は「ベンリダイン AR」（サンゲツ）を使用。プロ仕様だが、ホームセンターでも購入できる。

10.「ベンリダイン AR」に付属のクシでフロアタイルを貼る部分にのばしていく。端から内に向かって均等に伸ばすのがコツ。

11. フロアタイルは敷くスペースに合わせてカットできる。まずは置いてみて余分をカットしておく。ミーティングルームにも同じものを使用。規則正しい柄ではないほうが、失敗してもわかりづらい。

ミーティングペースにウィリアム・モリスの〝ピンパーネル〟を貼る

12. ミーティングペースのアクセント壁は、お店でも人気の商品、ウィリアム・モリスの“ピンパーネル”をチョイス。貼るときには柄合わせをする必要があるが、出来上がったときのインパクトは絶大。

12

リニューアルオープン
~15日前

スタッフ総出で天井のクロス貼り

1. 今回最も難易度が高かったもののひとつがこの天井のクロス貼り。糊付きの国産壁紙を使用したが、貼ったそばからどんどん剥がれてきてしまい、スタッフ総出で押さえながら貼ることに。天井の場合、ペイントよりも壁紙を貼るほうが楽だが、天井はどちらにしても難易度高め。ここでも最終的にはプロに手伝ってもらって仕上げた。
2. 天井にはエアコンが設置されているため、その周りでカット。シワが寄ってしまったところは何度も貼り直す羽目に。

モールディングで上下で色分け

3.126-127 ページでペイントしたり壁紙を貼ったりしたミーティングルームは、床から 73cm のところに腰見切のモールディングを取り付けて上下で色を変えた。まずは接着剤をつける。
4. 高さがずれないように、2 人で押さえながら貼る。
5. 隠し釘を打って固定する。

6

店舗部分は3種類のクッションフロアを貼る

7

6. 店舗の床はサンゲツの3種類のクッションフロアをチョイス。店舗入り口から入ったときの見た目を考えながら3枚の並びを相談。

7. あとで張り替えができるように剥がせる両面テープを使用。床貼りはコツがいるので、経験者がいない場合は、ワークショップに参加したり動画を見たりして予習しておくのがおすすめ。

8-9. 柱が出っ張っている部分は角に合わせて折り曲げ、クッションフロア用のカッターでカットする。

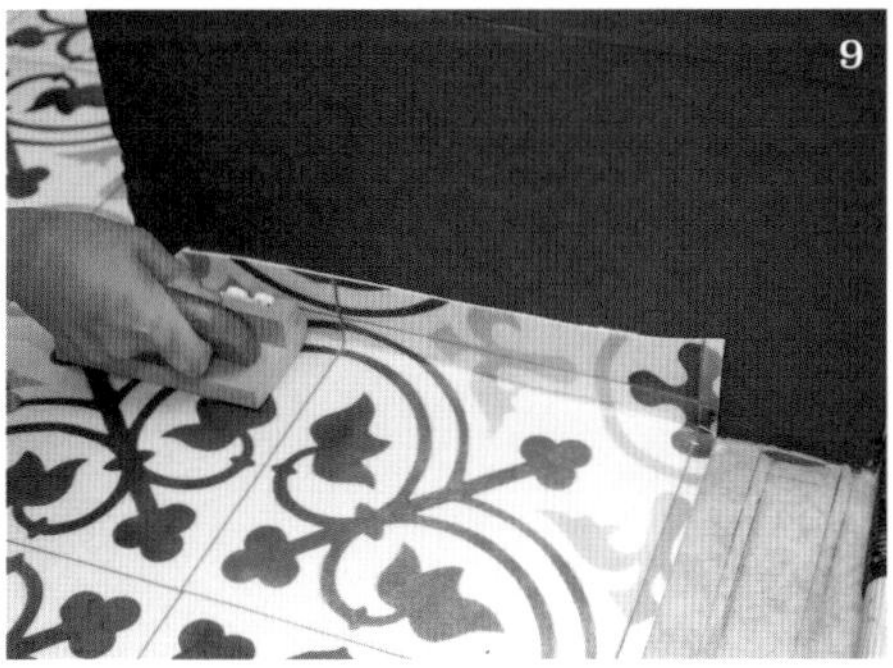

9

8

リニューアルオープン ～10日前

使える什器は前店舗から引っ越し

1. 商品陳列棚やバックヤードの什器などは前の店舗からお引越し。信頼している現場監督さんのいる工務店に依頼して、仕切り壁や電気工事など内装工事でプロの手が必要な部分はすべてお願いした。

2. 何をどこに陳列するのかスタッフ同士で相談しながら陳列棚やストック用のボックスなどを搬入。

3. 店舗入り口から見て正面の壁は、最初は壁紙を陳列するためのレールをつける予定のため、ベニヤ壁にレール取り付けのための浮かせ壁をつけてもらった。

4. 浮かせ壁は後ろの壁と同じ色でペイント。

5. 本来、ペイント類を陳列するはずだった壁に棚付けができないことが判明。急遽こちらにペイント類の棚を取り付けることに。ブラケットを棚板に取り付ける。

6. 商品のサイズを考えながら棚板の間隔を決め、3段の棚を取り付けた。下には少し大きめの棚板を渡し、下にはストックを置けるようにした。

壁紙を陳列する壁は 急遽、ペイント類の棚を取り付け

アクシデント発生！下地がないため急遽予定変更

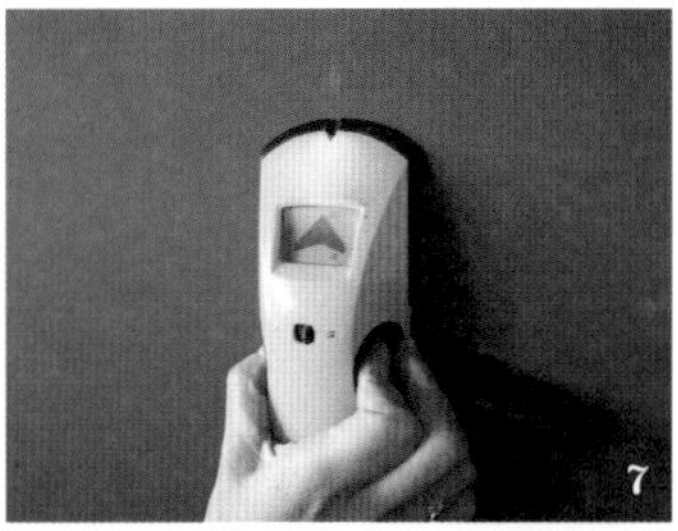

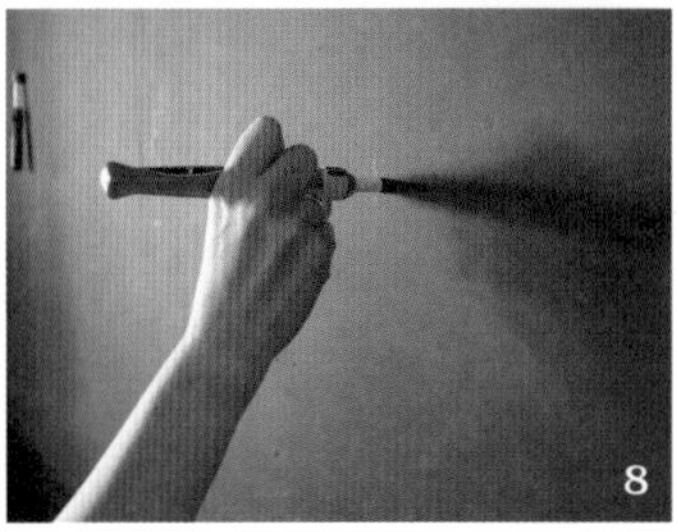

7-8. 壁の下地を探すための道具。電動の下地センサーと、細い針を刺して下地を探すものがある。

9. 下地がないことが発覚！　どうすれば棚がつけられるか職人さんと相談する。

10. 本来はペイント類を陳列する棚を取り付ける予定だったが、強度がないため急遽こちらに壁紙陳列用のレールを取り付けることに。右ページと同じように、浮かせ壁を設置。

11. 背後の壁と同じ色にペイントした後、レールをビスで取り付けた。

前店舗で使っていたレジ台を再利用

12. 前店舗で使用していたレジ台をそのまま使えるように、壁の位置などは調整済み。設置したら本当にぴったり！

13. レジ台の店舗側に貼っていた板のみ、高さを調整してカットすることに。

OPEN
当日

ライティングレールをつけて照明器具を展示

2

1

1. 天井にはプロに依頼してライティングレールを3列取り付け、アンティークライトなどたくさんの照明器具を吊り下げ、実際に灯りがついた様子がわかるように陳列している。
2. インテリアデコレーションで吊り下げで飾るものはなるべく吊り下げるなど、さまざまな陳列方法で見せている。

そっけなかったトイレも個性的な壁紙で印象的に

4

4. グレーに塗った木材を貼って出来上がったレジ台。小さなボックスを置くなどして無機質なレジは隠している。
5. クッションフロアは丸めてボックスに立てて展示。カタログだけでなく、実際に店の床に貼ってあるものもあるので、敷いた時の雰囲気もわかりやすい。

ボックスを使い見やすく陳列

5

3. 床にフロアタイルを貼った後、プロの手によって便器を設置。壁紙を貼ったり、ペイントしたり、鏡を取り付けたりしてドレスアップ。ドアは古い建具を使用。

3

リノベアイデアが たくさん詰まった店に

6. 店舗右奥のボックスを組み合わせた棚はインテリアデコレーションのための雑貨がぎゅっと詰まっている。
7. モザイクタイルを使ったDecor Tokyoオリジナルの店舗サイン。印象的なエントランスを作りたいときにオススメ。
8. ステッカーの跡でベタベタだったガラス窓はぴかぴかになり、店舗ロゴを入れた。

リノベーションのアイデアが詰まった ミーティングルーム

9. 壁紙、漆喰、ペイント、フロアタイルなど様々な要素が詰まったミーティングルーム。いすやテーブルは、壁紙やマスキングテープを貼ってデコレーションされている。

10. ミーティングルームの奥から見たところ。右のドアはスタッフルームへ続き、左の引き戸は店舗側へ。古い建具の使用例として参考になる。

11. 壁の段差があった部分も壁紙を貼って目立たないようにした。棚をつけてデコレーション。

Part.5

パーツ別
リノベ資材の種類と選び方

セルフリノベに必要な資材は、床材のように大掛かりなものから、取っ手のように小さなものまで様々。ここではパーツ選びに困ったときの参考になるよう、「床」「壁」「ドア・襖」「照明」「壁面収納」「小物」の6つのパーツごとにおすすめをピックアップしました。デザインや使い勝手はもちろん、施工はどうするか、予算は合うかなどを検討し、自分に合ったものを選びましょう。

パーツ別

Self Renovation

床

フローリング（木製フロア）

材料費
1㎡＝5,000円〜

施工代
（プロに頼んだ場合）
100,000円〜

高価な無垢から使いやすい価格帯のプリントシートまで

フローリングは部屋の中でも大きな面積を占めるので、部屋全体のイメージを決める際に色や素材が重要なポイントとなります。落ち着いた雰囲気にしたければダーク系のウォールナット色。明るめにしたければライト系のオークホワイト塗装などがおすすめ。また、アンティークな雰囲気にしたい場合、アンティーク加工のフローリングもあります。

フローリングには木の風合いそのものを味わえる無垢フローリング、木材を薄くそぎ、それを基材に張り合わせた複合フローリング（突き板・引き板）、木目のプリントシートを貼って作られたシートフローリングの3種類があるので予算とメンテナンスのしやすさを考えながら選びましょう。無垢は経年変化が

無垢フローリング

ホワイトオーク 150
（プレイリーホームズ）

オークは硬くて木目がはっきりしているのが特徴。天然の木ならではの色差があるのが楽しい。ラスティックは節が多く入る。

ラスティック（オイル塗装）

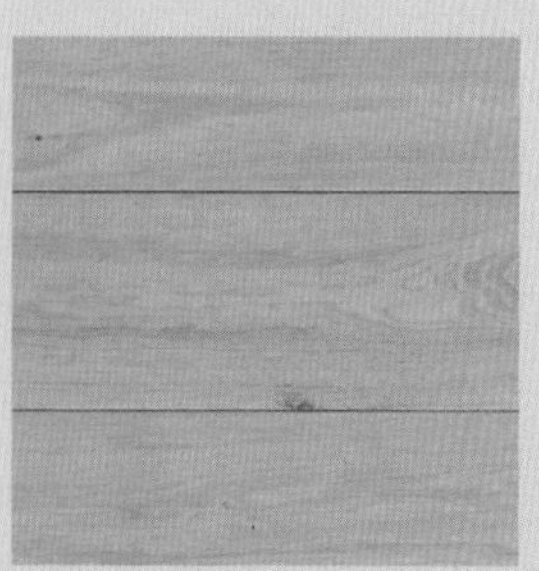

ワンピーススタンダード

ボルドーパイン フローリング
（ナガイ）

フランス南西部のボルドー地方原産の耐久性が高いパイン材。幅が 160㎜と広めで厚みも 20mm、経年変化が楽しめる。

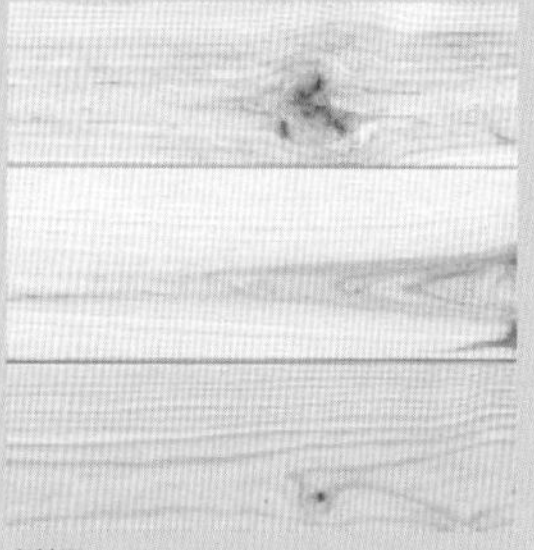

クリア

ウォールナット

楽しめますが、ある程度のメンテナンスは必須。突き板は施工が簡単でリフォームに使いやすい反面、傷に弱いものもあります。シートは天然木の風合いは薄れますが品質が一定していて、メンテナンスに優れています。

シートフローリング／アーキスペックフロアーS　ラスティックA　コーストアッシュ柄（Panaspnic）

複合フローリング／アーキスペックフロアー W パーケットA　フレンチヘリンボーン（Panaspnic）

複合フローリング

アーキスペック フロアー W パーケット A

(Panasonic)

小さな木のピースを組み合わせ、一定のパターンに張り上げたデザイン性の高い床材。以下の2つと、ランダムボーダーの３種類。

フレンチヘリンボーン（セットホワイトオーク色）

スクエアブロック（セットオーク色）

複合オーク

（ニッシンイクス）

優しい色合いとキメの細かいオークを表層に使用。ワイルドバレルは一枚一枚にフルハンドメイドでアンティーク加工が施されている。

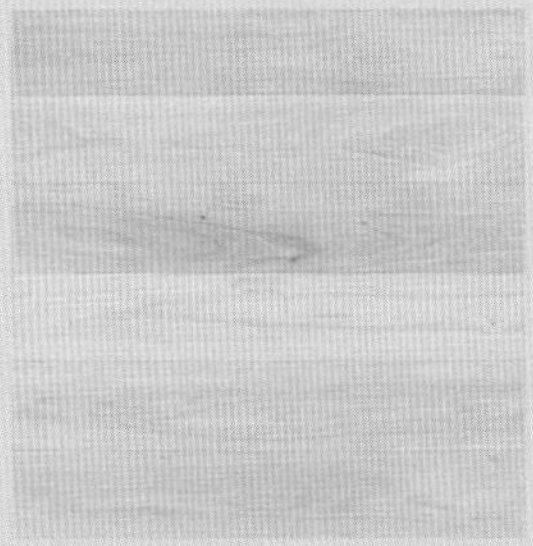
複合オーク 150 幅

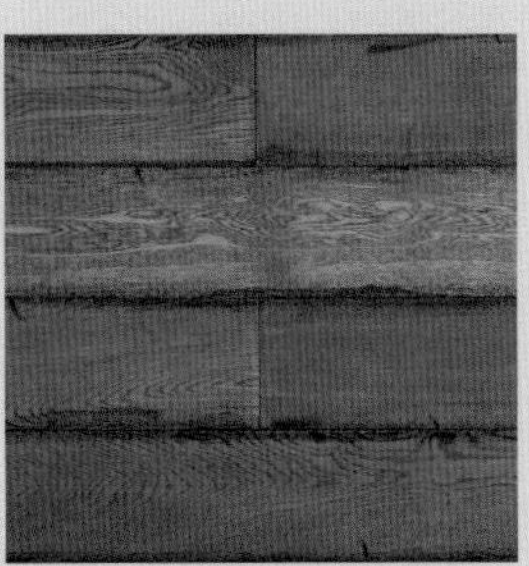
複合オーク 190 幅
ワイルドバレル

シートフローリング

ベリティスフローリング S ハードコート

(Panasonic)

高い印刷技術で天然材では入手が難しい柄を再現。建具とのコーディネートや壁面収納などに合わせられる柄が豊富にある。

ウォールナット柄

ホワイトオーク柄

パーツ別

床

フロアタイル

部分的に張り替え可能 店舗にもおすすめ

「無垢フローリングは予算的に難しい」「クッションフロアはちょっと」という方にぴったりなのがフロアタイルです。ビニールの床ですがプリントの技術が向上し、以前よりも雰囲気の良いものが多くあります。ウッド調、石目調のほかに幾何学模様、タイル柄などがあり、どれも本物と見間違うほど。目の向きを変えて並べるとオリジナル模様の床を作ることができます。

　また、傷付いたり汚れたりした場合も部分的に張り替えることができるのがフロアタイルのメリット。メンテナンス性もよく、価格も安いので取り入れやすい床材です。オフィスや店舗などにもおすすめです。

材料費
1㎡＝2,500円〜

施工代
（プロに頼んだ場合）
50,000円〜

ウッド調

トラッドパーケット
（サンゲツ）
カジュアルな空間によく映えるパーケット柄です。

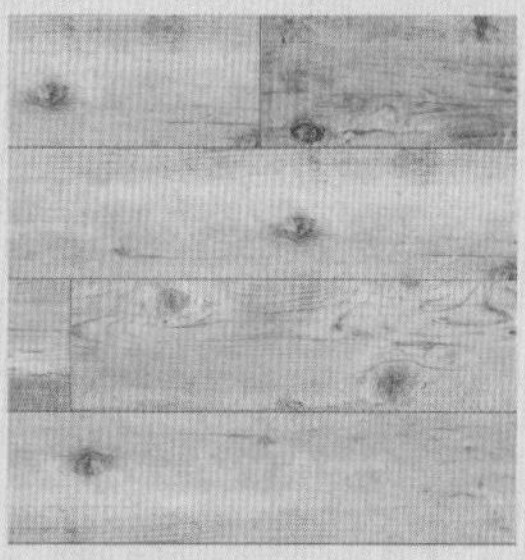

エイジドウッド WD948
（サンゲツ）
自然環境によって生まれた味わいを忠実に再現しています。

シェブロンウッド WD915
（サンゲツ）
フレンチヘリンボーン貼りができる平行四辺形のタイル。

石目調

シュトローム
（サンゲツ）
渦のような流れが特徴。タイルごとに自然な色変化や濃淡差があります。

ヘリテイジ
（サンゲツ）
1ケースの中にさまざまな表情のタイルがミックスされています。

イビザ
（サンゲツ）
無地と柄ありが混在しているので、自然な色変化や濃淡差が楽しめます。

※画像はすべて組み合わせ例

クッションフロア

手軽な価格なので
賃貸でも挑戦しやすい

1㎡平均2000円程度で一番安価な床材なので、賃貸物件にはよく使われています。きれいな状態で長持ちさせるのは難しく、重い家具を置くと凹み、日焼けもするなどデメリットもあるので、2~3年で貼り替えることが多いのですが、逆に言えば飽きたり汚れたりしたら張り替えて楽しむこともできます。

ビニール製なので洗面所やトイレ、キッチンなど水回りに向いています。最近では汚れ防止としてラグマットのように貼る人も。養生テープを貼った上にクッションフロア用の両面テープを貼れば、剥がす時も床を傷つけることなく剥がすことができます。

材料費
1㎡= 1,000円~

施工代
(プロに頼んだ場合)
30,000円~

タイル調

ドゥーモ
(シンコール)
自然な質感と色変化を楽しめます。どんな場所でも使いやすい柄です。

フレンチアンティークタイル
(サンゲツ)
夏水組デザインのスタイリッシュな印象の伝統的なタイル柄です。

ストーン調・ドット

アルベロタイル
(サンゲツ)
約10cm角の格子状。いくつもの色が入っていて明るいイメージです。

ポルカドット
(サンゲツ)
夏水組デザインのランダムな水玉模様。甘すぎないルックスです。

ウッド調

パーケット
(サンゲツ)
約31cm角の格子模様がインパクト大。しっかりとした木目が印象的です。

ローズウッド
〈サンゲツ〉
ダークな色合いの店舗用フロア。細幅のヘリンボーンがおしゃれです。

タイルカーペット

楽しい子ども部屋にぴったり 防音効果も期待できる

「足元が寒い」「集合住宅で、子どもが遊ぶ際に階下への音が気になる」などの理由からタイルカーペットを選ぶ人も多くいます。一枚単位で買えますし比較的安価なのがうれしいところ。部屋の外側だけを囲ったり、数色を使って模様貼りをしたりしても楽しめます。

ループ型（毛先が丸めてある）とノンループ型（毛先カット）のものがあり、おすすめはノンループの毛足が長いもの。ループ型は安価ですが、オフィスのようになるので選ぶときは慎重に。洗えるものの方が、ペットや子どもがいても安心です。

材料費
1㎡＝3,000円〜

施工代
（プロに頼んだ場合）
50,000円〜

アタック 550 ノマギー
（東リ）
深みのある色彩が魅力。ウールのようなざっくりした素材感です。

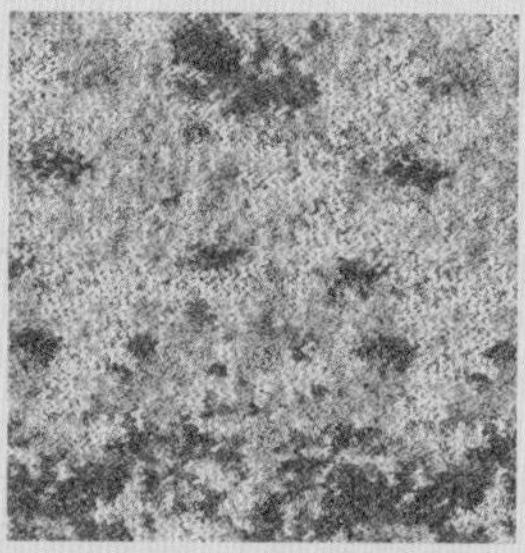

ルチェアール
（東リ）
光を受けて煌めく自然の風景を思わせるデザインです。

スクエア 2400 ソワレ
（東リ）
綿毛のような柔らかさとしっとりとした肌触りのハイグレードタイプ。

メイオリカ
（東リ）
1枚1枚の色柄の変化がパッチワークのよう。無地のものと組み合わせても。

RUGRUG R-5000 ロッカク
（スミノエ）
六角形の家庭用カーペット。他色とつなぎ合わせて楽しむこともできます。

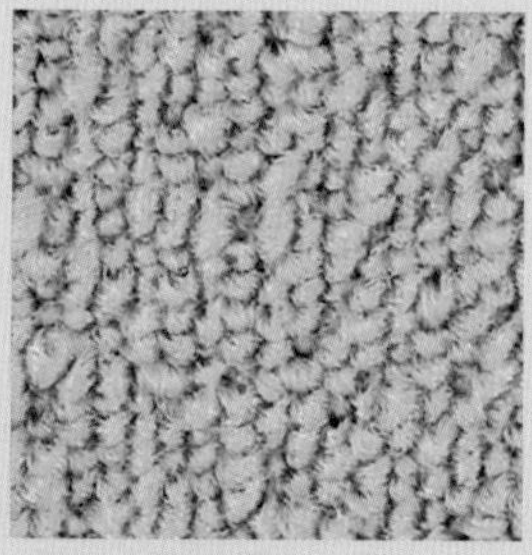

スタイルキットループ
（サンゲツ）
防音性や保温効果が高く、ふんわり。キッズルームなどにも向いています。

パーツ別

Self Renovation

壁

ペイント

初心者なら一面から多色使いも楽しい

壁の施工で一番簡単で安価なものがペイント。リビングの壁一面だったら1万円以下、半日で塗り替えできるので初心者の方におすすめです。

上下や面で塗り分けるのも素敵になります。参考になるのがスターバックスコーヒーやタリーズコーヒーの店舗。空間にたくさん色が使われています。店舗によっては、壁・梁・ドア・柱などの塗り分けで8色使っているお店もありました。

一面のアクセント塗りも簡単ですが、お部屋の全体の雰囲気を整えるのであれば多色使いも楽しいです。その場合、寒色系か暖色系かを揃えるのがポイント。ベージュと黄色とブラウン、ブルーとグリーンとライトグレーなど。暖色と寒色が混ざるとちぐはぐの落ち着かないお部屋になってしまうので注意が必要です。

材料費

1㎡＝500円〜

施工代
（プロに頼んだ場合）

30,000円〜

ボワ・ドゥ・ローズ

アンジェリーナ

ブルードゥパリ

夏水組ウォールペイント

壁紙の上から塗れる水性ペイント。家具やパネル、クラフトにも使える。120g〜20kg入りまでサイズは5種類、全30色。

珪藻土・漆喰

シンプルだけれど 豊かな表情も作れる

珪藻土や漆喰は調湿と空気清浄の効果があります。実際に壁面と天井を漆喰で塗られた部屋では、寝つきが違う、ビニールクロスのお部屋よりも植物の育ちも良いと実証されており、寝室や子ども部屋におすすめしています。

壁紙やペイントよりは難しいですが、色柄なしのシンプルが好みの方にはおすすめの材料。壁全部や天井などと欲張らず、まずは一部屋の壁一面、狭いトイレの壁一面などから試してみましょう。左官材なのでコテで塗りますが、塗り方によって表情が変わるので子どもと一緒に施工を楽しんでもいいでしょう。

材料費
1㎡＝850円～

施工代
（プロに頼んだ場合）
50,000円～

Decor Stucco

夏水組オリジナル（全8色）。自然素材の風合いはそのままに、塗りやすく開発されているのでDIY初心者でも扱いやすい漆喰です。水を加えて混ぜたりする必要がなく、壁紙の上から塗ることができます。

Blush Lady
（ブラシュレディ）

creme creme
（クレム クレム）

gris blanc
（グリ ブラン）

Blanche Nejge
（ブロンシュネージュ）

vieux jeans
（ビウ ジーン）

Vert mousse
（ヴェール ムース）

ombrenuage
（オンブルニュアーズ）

latte sucre
（ラテ シュクル）

ベネチアンプラスター

珪藻土・漆喰よりもさらにこだわりの左官材が欲しい人におすすめなのがベネチアンプラスター。大理石、砂、石灰などを含んだベネチアのプラスターです。乾く前に磨くことで光沢のある柔らかい質感が出ます。左官のコテ捌きや研磨次第でオリジナルの壁を製作できてしまう圧倒的な表現力で、マニアックな人に好評な DIY アイテムです。

ブルー

ブルーグレー

ダークグレー

ホワイト

ブラック

ブラウン

壁紙

安価だけど貼りにくい国産
高価だけど貼りやすい輸入物

壁紙で部屋の雰囲気はガラッと変わります。「アンティークにしたい」「モダンにしたい」「かわいい子ども部屋にしたい」などの要望は壁紙一面を変えるだけでも叶えられます。

一番安価なのは国産のビニール壁紙ですが、幅が大きいため自分で貼り変える事は難しいです。また、国産の壁紙には貼って剥がせるのりは使うことができません。賃貸物件などで、後で剥がせるようにしたい場合などは、貼って剥がせるのりで貼ることができる輸入壁紙のフリース素材のものを使うとよいでしょう。まずは寝室のベットヘッド側、トイレの1面、リビングのソファーの背面などから挑戦するのがおすすめ。輸入壁紙専門店も増えてきたので、実物を見ながら店員さんに相談して

材料費
国産1㎡＝300円～
輸入1㎡＝1,500円～

施工代
（プロに頼んだ場合）
30,000円～

輸入壁紙

Bramble
ウィリアム・モリス
ベリーや白い花、背景全体にはブラックベリーのイバラ模様が描かれています。

Pink&Rose
ウィリアム・モリス
咲き乱れるカーネーションとバラの茎が絡み合ったデザインです。

Pimpernel
ウィリアム・モリス
風に吹かれた花のパターンが鏡面対称に描かれています。

Christian Lacroix Coup de vent
デザイナーズ・ギルド
クリスチャン・ラクロアがデザイン。トレリス柄とパンジーが描かれています。

Acquario
コール アンド サン
壁一面に貼ると海の中にいるような気にさせてくれる一枚。

Albemarie Piccadilly
コール アンド サン
複雑で伝統的なタイル柄が特徴。黒や水色、グリーンなどもあります。

決めましょう。

襖紙も壁紙同様に壁に貼ることができ、和風の柄で洋室に合うものもたくさんあります。襖紙はのりがついていないので、壁紙用ののりを襖紙のほうにたっぷりつけて貼ります。

国産壁紙

Blackboard
（サンゲツ）
チョークで書いたり消したりできる黒板クロス。お絵かきコーナーや掲示板にするほか、アートとしても使えます。

SPACE SEA
（サンゲツ）
遠くから見るとエレガントなフラワーモチーフに見えますが、近くで見るとひとつひとつのモチーフが海洋生物になっています。

Daily
（サンゲツ）
デザイン性が高いのはもちろん、傷がつきにくかったり、汚れや臭気をバリアしたりするなど耐久性に優れています。

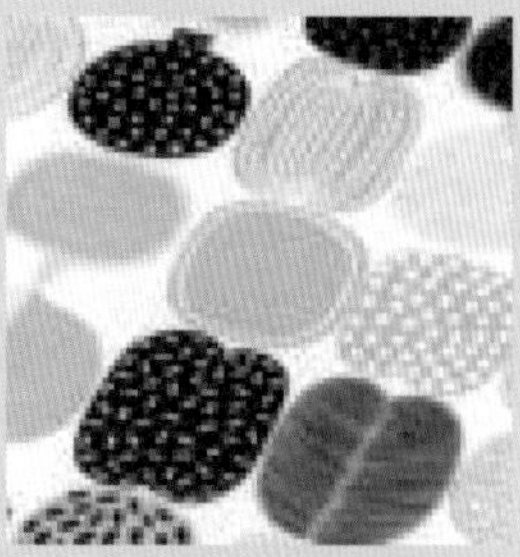

marimekko KOMPOTTI
マリメッコ
KOMPOTTIは「コンポート」という意味。様々な野菜や果物が描かれています。

襖紙

日本の伝統柄の七宝、楓、竹、桜などの代表的なモチーフからデザインし、現代のインテリアに合うように作られています。上下左右にリピートがあるので壁一面につなげて貼ることもできます。
写真右から菊七宝 生成、毘沙門亀甲 黒、獅子地紋 AntiqueGold 青銅（すべてMATERIAL）

marimekko
PIENI UNIKKO
マリメッコ
マリメッコを代表する柄。クッションカバーなどのファブリック製品もあります。

タイル

こだわりたい人に人気 施工は難易度高め！

様々な種類があり、目地の色も選べるタイルはオリジナリティを求める人には根強い人気があります。ただし、自分で施工するのは、壁紙やペイントよりもずっと難しいです。特に水回りのタイル施工は注意しなければなりません。完璧な仕上がりを求める場合は、施工はプロに頼みましょう。どちらにしても作業は一日では終わらないので、タイル貼りは日程と予算に余裕を持って進めることが大切です。

デザインだけでなく大きさも様々なものがあります。大きなタイルはDIYでの施工は不可能です。自分で手掛ける場合は小さなモザイクタイルで薄めのものを選びましょう。

材料費
1㎡＝8,000円〜

施工代
（プロに頼んだ場合）
100,000円〜

パターンモザイクタイル

パターンモザイクタイルシート05
（MATERIAL）

パターンヘキサゴンタイルシート01
（MATERIAL）

セメントタイル

ヨーロピアンセメントタイルスクエア006
（MATERIAL）

ヨーロピアンセメントタイルスクエア003
（MATERIAL）

モザイクタイル

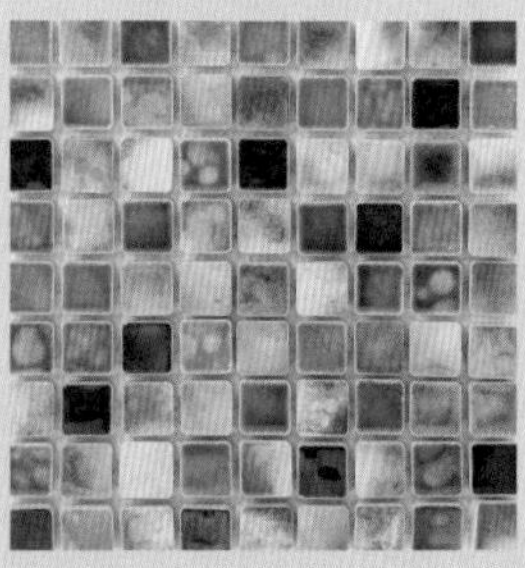

ラスティカ
Gauguin15/CR-E
（MATELIAL）

BLUMEN 204/S
（MATELIAL）

パーツ別

Self Renovation

ドア・襖

思いきってドアを変えれば ガラッと印象が変わる

ドアは毎日触れるもの。意外とこだわらない人も多いのですが、ドアさえ素敵なものにすれば空間がガラッと変わるので、リノベーションの際にはぜひドアの付け替えも考えて下さい。国産品のほか、輸入もの、古材のものなど好みのものを探してみましょう。工事は新品に限らず、輸入もの、古材のものは特にプロにお任せするのが賢明です。

襖は、新規でつける人はあまりいないかもしれません。ただし新築時にあったものが汚れたり穴が開いたりしていることはよくある話。昔は襖や障子はお正月に家族で張り替えていたものです。日本の伝統建材なので、ぜひ張り替えてみてください（襖紙の紹介は145ページ）。

ドア

国産ドア

材料費

1枚＝50,000円〜

施工代

（プロに頼んだ場合）

50,000円〜

クラフトレーベル片開きドア MG型 / ホワイトアッシュ柄
（Panasonic）

クラフトレーベル上吊り引戸 LH型 / ネイビーオーク柄
（Panasonic）

イースト Bio パイン
（ナガイ）

アイアンペイントで塗装

クラフトレーベル片開きドア LG型 / ワイルドオーク柄〈塗装対応〉
（Panasonic）

パーツ別

ドア・襖

古建具

観音開きだった建具を横にして金具を取り付け、換気窓に。

大きなガラスが入ったアンティークの引き戸と欄間を入れています。

輸入ドア

アイエムドア アメリカンタイプ
モールドパネルドア MN シリーズ
(IM Door Collection)
ドア本体のみの未加工品なら比較的安く手に入ります。

ガラス入りの大きな観音開きのドア。ドアサイズに合わせて壁を切るなど「先にドアありき」で壁を作りました。

襖

4枚襖の場合、中央と両端で2つの柄を使うのもおしゃれ。

memo

和の建材を世界に伝えたい! メゾン・エ・オブジェ・パリに出展

日本では衰退し、なくなりつつある古き良き伝統建材や文化の魅力を、世界中のインテリアのプロに伝えたい、またそれらを再び活躍させたい、という熱い想いから、パリで開催されているメゾン・エ・オブジェ・パリに出展しています。

２０１９年９月に参加した際の夏水組ブースでは、日本伝統の柄・技術と坂田夏水スピリットの融合によって生まれた襖紙や和紙を吊るしたほか、着物や柱染、伊勢型紙、日本刺繍なども展示。アンティークの着物帯を使ったクッションもお客様の目をくぎ付けにしました。

パーツ別

Self Renovation

窓

装飾窓・室内窓

部屋の明るさと雰囲気を変える

明かり取りと装飾のための装飾窓は、国内外のアンティークを探すとさまざまなタイプのものがあるのでおすすめ。海外のアンティークステンドグラスのなかでも幾何学模様のものは、派手すぎずシンプルなデザインでインテリアに取り入れやすいものが多くあります。

室内窓は部屋と部屋を仕切りながら、光や風を取り込めます。窓枠のデザインや色、ガラスの透け感などで印象がぐっと変わるので、全体の内装を考えながら発注しましょう。

材料費
1枚＝30,000円〜

施工代
（プロに頼んだ場合）
100,000円〜

キッチンと寝室との間の壁につけた室内窓。ここを開けることで風通しがよくなります。

フルリノベの際に壁を抜き、採光も兼ねたアンティークの飾り窓を入れました。

玄関横に位置するパントリーにつけた室内窓。玄関を入ってすぐなのでデザイン性も重視して選んでいます。

役立つサイト

欧州系アンティークのステンドグラスなど

ANTIQUE CHELSEA OLD

https://www.chelsea-old.com/category/all/stained-glass/geometry

新しく室内窓を作る場合

パナソニック

https://sumai.panasonic.jp/interior/shitsunaimado/

パーツ別

Self Renovation

照明

タイプはさまざま 取り替え簡単な照明も

実はすごく簡単なのに、取り替えられないと思っている人が多いのが照明。引掛シーリング（天井に取り付けられたプラグ）があるなら、そこにカシャンと引っかけて付け替えるだけで素敵な空間になります。

照明器具のタイプには、天井から吊り下げるペンダントライト、天井にぴたっと取り付けるシーリングライト、壁に取り付けるブラケットライト、一部を照らすスポットライト、天井に埋め込むダウンライトなどがあります。クラッシック、モダン、北欧など照明にもテイストがあるので、ぜひインテリアのテイストに合わせて選んでください。

照明を選ぶ際に気をつけないといけないのが照度。好きなものを買っても、つけてみたら暗かった、という

照明器具の種類

ペンダントライト

天井からコードやチェーンなどで吊り下げるタイプ。天井に引掛シーリングがあればすぐに取り付けられます。

Etoile pendant lamp
（DI CLASSE）
真鍮フレームの星型ランプ。放たれる光が空間を神秘的に照らします。

Scenario W pendant lamp
（DI CLASSE）
スチール製のフレームに囲まれた４つの電球が照らすペンダントライト。

シーリングライト

天井に直接取り付けるタイプ。蛍光灯にプラスチックのシェードのものが一般的ですが、雰囲気をよくしたいなら電球のものがおすすめです。

Tango-ceiling lamp
（アートワークスタジオ）
ガラスとシックなボディの組み合わせがレトロで個性的。過度な装飾がないのでシーンを選びません。

Ronne シーリングライト
（INTERFORM）
アームとシェードを可動させると、間接照明のようにも使えます。

のはありがちなミス。空間の大きさにあった明るさの照明器具を選ぶことが大切です。目安は10畳で300ワット。1つの照明で明るさが足りない場合は、数種類の照明を組み合わせて使うとよいでしょう。

材料費
スポットライト
1台＝1,000円～
その他
1台＝5,000円～

ブラケットライト

壁に直接取り付けるタイプなのでプロによる電気工事が必要です。間接照明で使うほか、洗面所や玄関などでも使えます。

LEDブラケット
(Panasonic)
ヴィンテージデザインがおしゃれなLED対応型のブラケットライト。低めの位置につけると雰囲気が出ます。

ウォールランプ
(Sunyow)
ランプシェード部分の乳白色のガラスと木部の組み合わせで、クラシカルな雰囲気に。シンメトリーに配置するのもおしゃれ。

スポットライト

一部分だけを照らすライト。ダクトレールに何点かつけて位置を調節できるようにしておくと便利です。

ライティングレールに一灯吊るし、照度が足りないときにスポットライトで補助して明るさを確保しています。

ダウンライト

天井に埋め込むタイプなのでプロによる電気工事が必要です。スピーカー付きのダウンライトもあります。

他の間接照明と組み合わせることで、十分な明るさが確保できます。家具の位置などと合わせて、取り付ける位置をよく考えましょう。

memo

レトロな雰囲気がカッコいいエジソン電球

エジソンが電気を発明した当初の電球をモデルとした白熱電球が人気です。温かみのある色合いで明るさよりも雰囲気を重視した装飾用。ペンダントライトとして使うことが多いですが、ベッドサイドのライトに使っても素敵です。

Carbon Bolb E26 G125 60W（写真右）、アンティーク球クリア E26 60W（写真左）

パーツ別

照明

テイスト別照明器具

シャンデリア

北欧

モロッコランプ・トルコランプ

レトロ・アンティーク

壁紙や床色を選ぶのと同じように、インテリアのテイストに合わせて照明も選びましょう。シャンデリアはクラシカルやガーリーな雰囲気によく合いますし、モロッコランプ・トルコランプは意外に和室に合ったりします。組み合わせの妙を楽しんでください。

memo

スマート機能搭載の電球でもっと便利で快適な照明に

スマート機能搭載の電球とは、既存の電球と付け替えて設定を行えば、スマートフォンやスマートスピーカーなどから操作できる電球のこと。Philips（フィリップス）のHueランプのほか、イケアなどでも扱うようになりました。点灯や消灯はもちろん、調光やカラーバリエーション、スケジュール設定など多彩な機能が搭載されています。

hue(Philips)

TRÅODRI（IKEA）

パーツ別
Self Renovation

壁面収納

壁面を有効に活用 ビスを使わない壁面収納も

壁面に収納があれば部屋の装飾にもなりますし、収納力も上がります。壁紙と一緒にコーディネートして壁面収納の大きさや色を決めていくといいでしょう。

一番簡単なのは、ブラケット（棚受け）を壁にビス留めして棚板をのせる方法ですが、最近は工具や下地補強の必要がない壁面収納も増えています。主にピンフックでつけられ、取り外した後も壁に大きな穴が開かないため、賃貸でも使うことができます。

さまざまなものを吊り下げて収納したい場合は、有孔ボードもおすすめ。穴が開いたボードを壁に取り付け、穴に吊り下げ用のフックを差し込めば、さまざまなものを収納したり、飾ったりすることができます。

ブラケット

シェルフブラケット７段（MATERIAL）
石膏ボードの壁には、ビスを使わずに専用ピンのみで取り付けができます。７段あるので好きなところに棚板を渡して使えます。ただし、耐荷重量を超えないように注意しましょう。

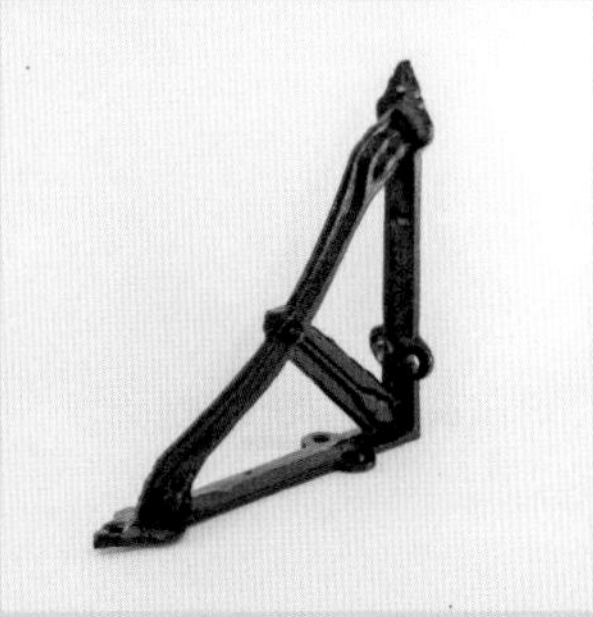

BOW BRACKET 14 ANTIQUE BLACK
（MATERIAL）
アンティーク風塗装がされたブラケット。乗せる棚板によっても雰囲気が変わります。

アイアンハンギングブラケット（MATERIAL）
グリーンなどを吊り下げるのにも使えるハンギング用のブラケットです。

材料費
1個＝800円～

施工代
（プロに頼んだ場合）
30,000円～

有孔ボード

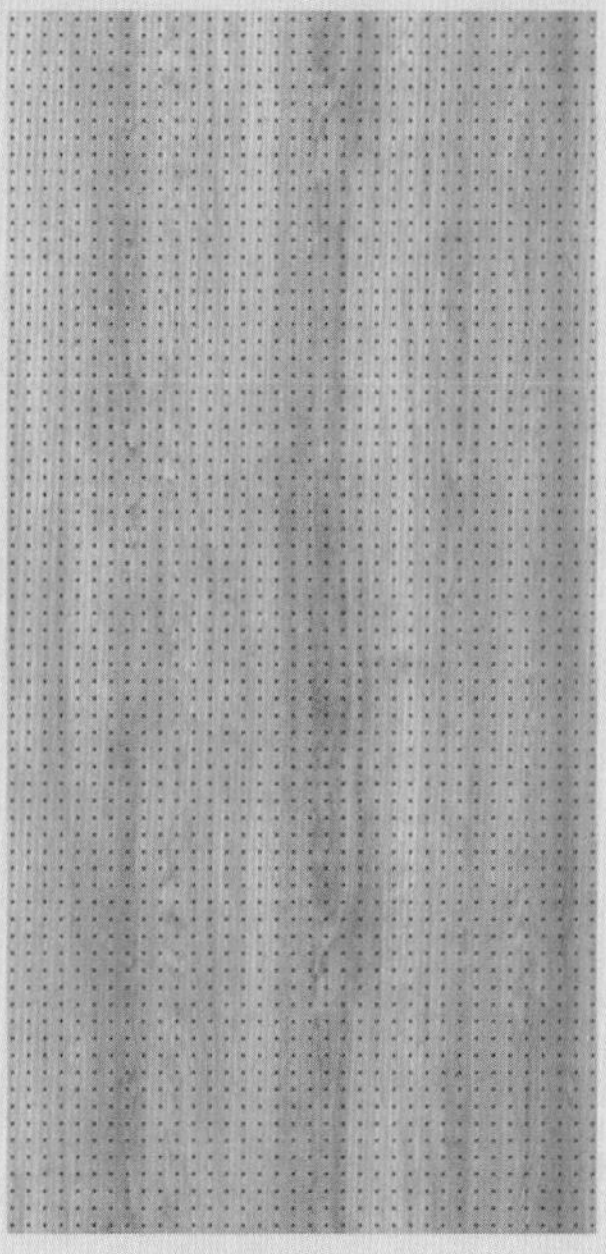

自分で塗装可能なワイルドオーク柄も含め８色展開。180cm × 90cm と大きいので壁面を大きく使ってもいいし、カットして使っても。
有孔化粧ボード（Panasonic）

シェルフユニット

壁面にフレームをビス留めしてつけるタイプ。
フレームシェルフ（Panasonic）

シェルフユニットの中からさまざまなパーツを組み合わせて作ったパントリー（写真上）。組み合わせ方によって、飾り棚にも洋服収納にもなります（写真下）。
どちらもアイシェルフ（Panasonic）

パーツ別

Self Renovation

小物

材料費
1個＝500円～

施工代
（プロに頼んだ場合）
30,000円～

アクセサリーを選ぶように小物を選ぶ

インテリアの小物は、ファッションでいうところのアクセサリーです。素敵な洋服を着て「どのアクセサリーにしよう」と選ぶように、インテリアのテイストが決まったら小物選びを楽しみましょう。

一つの小物からインテリアを決める人もいます。お気に入りの一品がある場合はそんな考え方もいいですね。例えば、パリの蚤の市で見つけたドアノブのデザインに合わせて、床壁や照明、家具を選ぶようなこともできます。

スイッチカバーは形などが複雑でなかなか難しいのですが、最近は百円均一ショップでも売っているので気軽に取り替えられるようになってきました。スイッチ本体の取り替えは電気工事が必要なのでプロに頼みます。アメリカンスイッチなどと呼ばれているオシャレなものは、今までは輸入していましたが、最近では国内産もあるので輸入する必要もなくなっています。

取っ手（ドアノブタイプ）

セラミックノブ
（MATERIAL）

アイアンノブ
（MATERIAL）

RESIN KONB
（MATERIAL）

ブラスドロワーノブ
（MATERIAL）

プレート

BRASS SIGN PRIVATE
（MATERIAL）

ハンギング

グリーンネックレスなどのように垂れ下がるタイプのグリーンは吊るして飾るとおしゃれ。

スイッチ

クラシックシリーズ
（Panasonic）

トグルブラススイッチ
（アクシス）

column

パーツ探しに役立つサイト

MATERIAL

https://material-interior.com/

↓

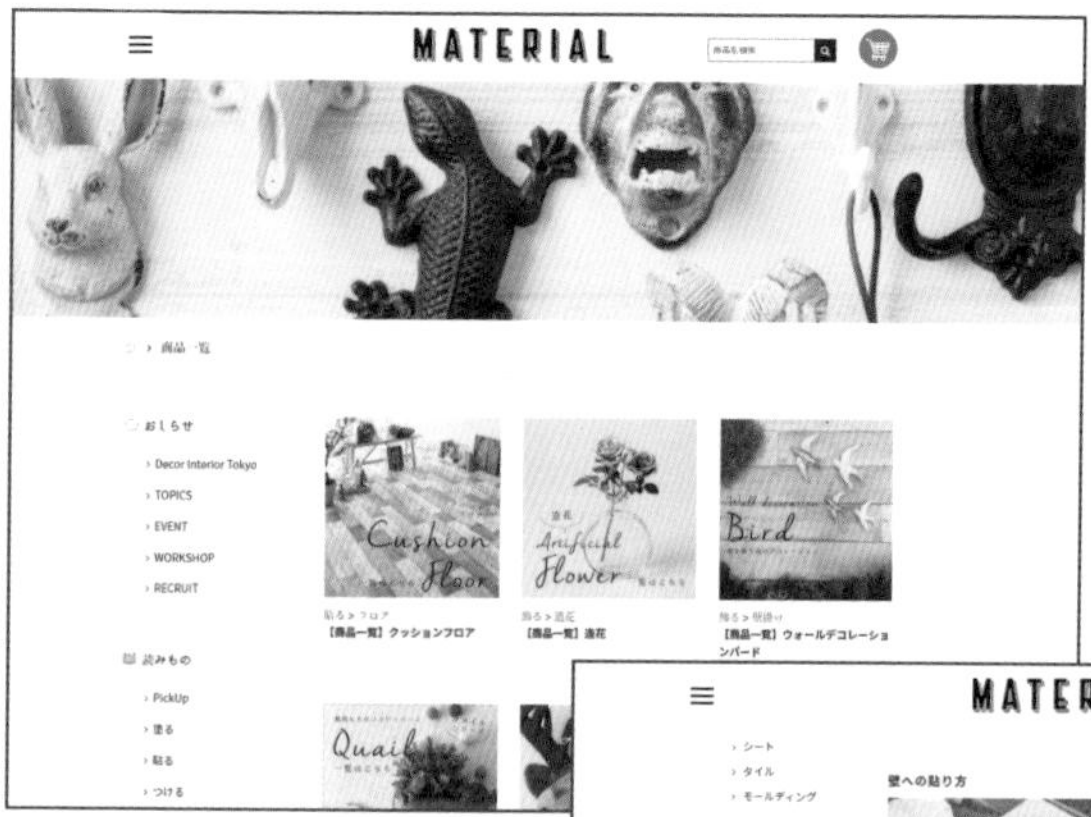

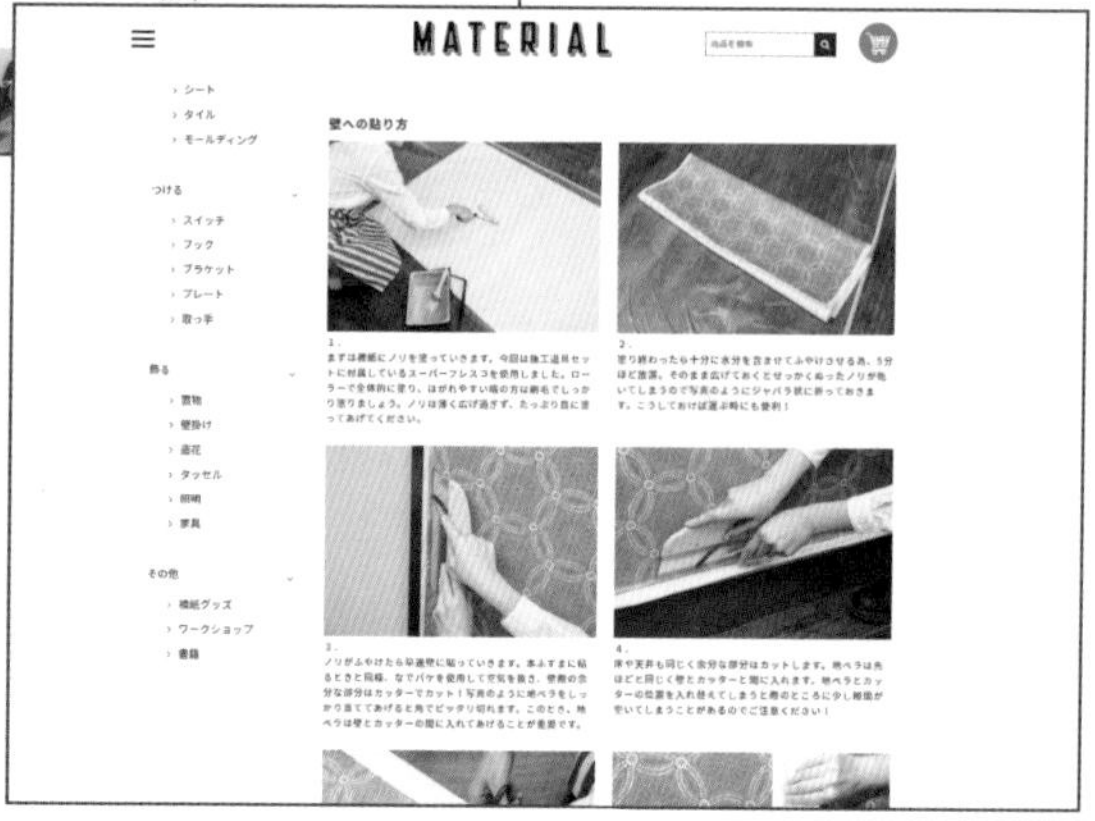

夏水組が展開するDecor Interior Tokyoのオンラインショップ。夏水組オリジナル商品をはじめとした「塗る」「貼る」「つける」「飾る」グッズが購入できるほか、ワークショップなどのイベント紹介、ペイントや壁紙・襖紙、タイルなどの実際の施工方法なども紹介しています（実店舗については120ページ参照）。

時代家具建具 のびる

https://e-nobiru.com/

↓

板戸や格子戸、欄間など国内の古建具、古い照明器具や工芸品、時代家具などを販売。倉庫や蔵に眠っていた建具や骨とう品などの買い取りも行っているので、商品は豊富。モノの個性や魅力を活かしたまま修復するのはもちろん、建具のリサイズや好みに合ったガラス交換、新築やリフォームの際の施工なども相談できます。

クラフトレーベル

https://sumai.panasonic.jp/interior/craftlabel/

↓

Panasonicが夏水組と一緒に立ち上げた「ベリティス クラフトレーベル」。50 ～60年代のトラディショナルデザインがベースで、室内ドアをはじめ、収納用建具、玄関用収納などが色柄、ハンドル、採光部デザインを組み合わせて、自由にアレンジ＆カスタマイズできます。

Sunyow

https://www.sunyow.com/

↓

ヨーロッパで1930～40年代に製造されていた製品をモチーフとしたアンティーク調の照明器具の製造販売会社（株）サンヨウのオンラインショップ。プロダクトとして復刻するだけでなく、日本の住宅事情や電気規格に合わせ、安心して使えるものを製作しています。

GALLUP

https://www.thegallup.com/

↓

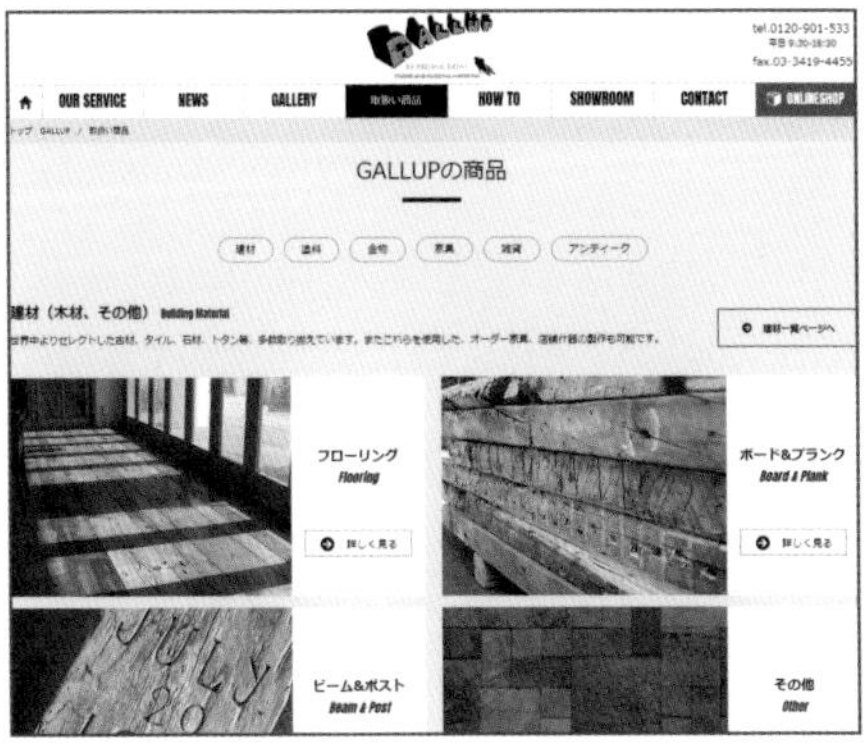

世界中から輸入した古材、建材、塗料、金物、各種アンティークものを販売。特に古い床材や、アンティークのドアや窓など「世界にひとつ」を求めたい人にはワクワクする品揃え。古材を使用したオーダー家具や建具、天板、カウンターなどのオーダー品製作もしています。

toolbox

https://www.r-toolbox.jp/

↓

床材や壁材、建具などの内装建材や家具パーツから、キッチンやバス・トイレなどの住宅設備など、DIYやリノベーションによる空間作りのための資材が豊富に揃います。大規模なリノベーションから、棚の設置やペイントなどの細かな施工サービスも充実しています。

column

「貼る」だけだから気軽に使える 初心者向け簡単DIYグッズ

どうしても壁に穴を開けたくない人には、貼るタイプのものがおすすめ。簡単にお部屋をイメージチェンジでき、ちょっとした収納も作れます。

壁や家具をドレスアップ

インテリアマスキングテープは壁や家具に貼れる、貼ってはがせるテープ。真っ白い壁にテープでラインを作ったり、窓枠を囲ったり。家具に貼ってリメイクすることもできます。
インテリアマスキングテープ（100mm幅・50mm幅）

キッチンのコンロ回りに使える、熱に強く、油汚れをガードしてくれるタイル風のステッカー。キッチンパネルやタイルの上から貼ることができます。数種類を組み合わせて使うのもおすすめです。
タイルステッカー（150×150mm）

壁に穴を開けずにミラーをつける

壁に穴を開けることもなく、力も入れずに貼るだけでつけられるミラー。鏡は割れにくい樹脂素材で、剥がしたあともきれいです。
ウォールミラーステッカー（290×390mm）

フィルム素材の貼って剥がせるテープなら、バスルームや洗面所、キッチンなどで使うことができます。壁や扉をドレスアップするだけでなく、ボトルなどにも貼ってお気に入りの空間に。

インテリアフィルムテープ（100㎜幅・50㎜幅）

水回りも イメージチェンジ

フックや ウォールポケットも 貼るだけ

フックやウォールポケットといえばビスで取り付けるものが多いのですが、穴が開くのが気になる人にはステッカータイプがおすすめです。重いものは掛けたり入れたりできませんが、小物収納ならおまかせ。収納とともに、壁のデコレーションも兼ねて楽しめます。

フックステッカー（直径12.5㎝）
シェルフステッカーポケット（13×13㎝・ポケット部分7.5×7×5.5㎝）

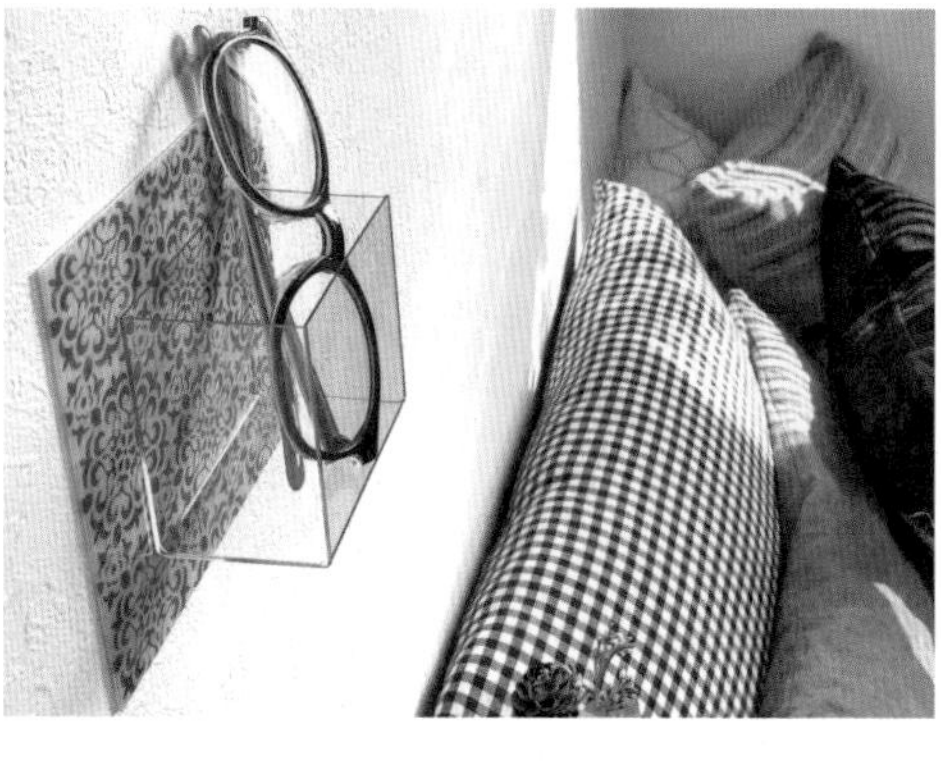

※すべて decolfa（MATERIAL）

Part.6

賃貸のための
セルフリノベーション

セルフリノベーションは持ち家に限られた楽しみではありません。賃貸住まいでも、ルールに従えば自分らしい住まいづくりができます。しかも、昨今は空室対策の一環として、賃貸 DIY が見直されています。セルフリノベーションの知識とスキルを身につけることは、借りる人だけでなく、貸す人にとっても良いことがたくさんあるのです。この章では、夏水組とともに賃貸 DIY を推し進めている不動産管理会社の声も聞きながら、トラブルにならない、賃貸 DIY について、実例を見ながら考えていきましょう。

ちゃんと知ってた?

賃貸物件のDIYはどこまでOK?

一人暮らしを始めるときに周囲の大人から言われるがままに覚えた賃貸物件のルール。 学校で教えてくれたらいいのに、 と思うほど暮らしにまつわる重要な情報ですが、 意外と誤解されていることもあるようです。

Q セルフリノベは興味あるけれど賃貸では無理でしょ?

A いいえ、ちゃんとルールを守れば実はOKなことも多いんです!

お話を聞いた人

伊部尚子さん

株式会社ハウスメイトマネジメントソリューション事業本部
コンサルティング営業室
シニアコンサルタント

賃貸管理会社ハウスメイトマネジメントに勤務。仲介・管理の現場で働くこと20年超のキャリア。賃貸DIYガイドライン分科会のリーダーでもある。DIYアドバイザー、賃貸不動産経営管理士、公認不動産コンサルティングマスター。

賃貸物件DIYのポイント
原状回復のルール

賃貸住宅には手を加えたらダメ、ポスター貼るのも厳禁!なんて思っている人はいませんか? 少しでも手を加えたらいくら取られるかわからない、と心配している人もいるかもしれません。しかし、国土交通省が公表している標準契約書や敷金精算に関するガイドラインを見てみると、「手を加えてはいけない」とは書いてありません。関連する条文には「乙は、甲の書面による承諾を得ることなく、本物件の…(途中省略)…改造若しくは模様替え…を行ってはならない。」(賃貸住宅標準契約書第8条2)と書いてあります。賃貸借の契約上、大家さんに「手を加えていいですか?」と聞くのは、法律違反でも非常識でもないのです。

手を加えたら借りた時の状態に戻さなければいけません。これを「原状回復」と言い、賃貸住宅に住むなら、退去するときに原状回復の義務がある、とされています。

しかし、通常の使用による損傷や経年劣化については回復の義務はありません。例えば、画びょうやピンの穴については、通常使用による損傷の範囲内とされています(ネジ穴やビス穴については通常使用による損耗を超えると考えられています)。ちなみに、家電や家具を置いたことによる凹み、日焼けなども原状回復の義務はないので、修繕費用を負担しなくてもいい場合が多いです。

ピン穴は原状回復せずともよい、というルールを活かして、石膏ボードピンを使って設置するフックや棚受けなどがたくさん販売されています。壁に穴を開けてもよいのであれば、収納を増やすことも飾りをつけることもできますね。

(詳しく知りたい方は、国土交通省のホームページにある、「原状回復をめぐるトラブルとガイドラインについて」というページをご覧ください)

内装制限があったら できるコト・できないコト

できるコト

「床の DIY」

火は上に燃え広がる性質があるので、床の材料は関係ナシ。防火性能が低い材料を選ぼうが、それを今の床材の上から貼ろうが、DIY する人の自由。内装制限で規定されているのは、室内の壁や天井の仕上げ材料だけ。

できないコト

「ビニールクロスの上に剥がせる壁紙のりで好きな壁紙を貼る」

下の壁紙を傷つけずに剥がせるため賃貸でも使える！と思いきや、内装制限のある部屋は壁紙の2枚貼りは NG。今貼ってある壁紙を剥がしてから、新たな壁紙を貼らなければならないので普通の賃貸物件だとちょっと難しいかも。

2020 年現在原状回復のガイドライン

※現在のガイドラインは 1998 年にまとめられたもの。その後、2004 年、2011 年には判例や Q&A の追加など改訂を行なっている。

回復義務アリ

ネジ穴

クギ穴も大きいので回復義務アリとされる。退去時に請求される費用は●●円ほど。

カビ　シミ　傷

入居者の手入れ不足、管理不足で発生した汚れは回復義務アリ。故意ではない過失でも入居者負担。

回復義務ナシ

ピン穴

画びょうも恐れるべからず。ピンでカンタンに取り付けられる棚は賃貸 DIY の強い味方。

家具の凹み　日焼け

通常の使い方、住まい方で発生するものと判断される。冷蔵庫やテレビの背面の電気焼けも大家さん負担。

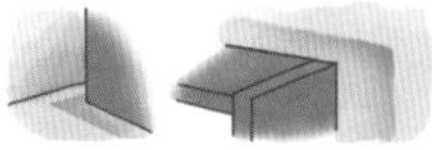

こっそりDIYは危険！「内装制限」を守ろう

　手を加えたい人が知るべきルールとしては、原状回復以上に「内装制限」が重要なのですが、これが意外と知られていません。

　住まいには建築基準法と消防法の中で、内装制限の規定があります。その部屋に使ってよい内装材の防火性能に決まりがあるのです。「不燃・準不燃・難燃」のどれなのか、もしくはこの3種のように「燃えにくい」ものでなくても良いのか。この制限は、建物内部で火災が発生した際に、内装が激しく燃えて火災が広がったり、有害なガスが発生したりして、建物内部にいる人の避難を妨げる状況がないようにするために定められたものです。命を守るため、同じ集合住宅に住む人、全員が守らなければならない重要な法律です。

　賃貸住宅で火災が発生した場合の危険度は、建物の構造や規模、その部屋の位置する場所（最上階かどうか）によっても異なります。例えば木造のアパートと鉄筋コンクリートのマンションでは、火の燃え広がる範囲やスピードが違います。火は上に向かって燃え広がるので、上階と1階とでも危険度が違います。したがって、内装制限のルールは各部屋ごと個別に定められています。制限が全くない場合もあれば、キッチンのある部屋など一部の部屋にだけ制限がある場合、全ての部屋に制限がある場合などさまざまです。

　自分が住んでいる物件の内装制限について、賃貸契約する際に説明されることはありません。手を加えたい場合は、必ず管理会社に確認しましょう。剥がせる壁紙を貼りたい！原状回復できるから大丈夫！と行動に移す前に、うちの内装制限に引っかからないかな？と考え、確認する必要があるのです。

　テレビなどの影響で、管理会社や大家さんに黙って、こっそりDIYする人が増えています。内装制限を知らずに可燃性の壁紙や燃えやすい木材などを使うことが恐ろしい火災を引き起こすことは知っておきましょう。

※内装制限は非常に複雑です。自己判断せず、必ず管理会社に確認しましょう

賃貸DIYにオススメ

お役立ちアイテム

原状回復に困らない範囲で使える
便利なアイテムたち。
大胆なイメチェンも可能です!

うまく使えば用途色々

突っ張りタイプの収納パーツ

タンスなどの家具を置くと収納力は上がりますがその分部屋が圧迫されがち。そこで活躍するのが床と天井に突っ張り支柱をたてて使う壁面収納パーツ。洋服や書籍を収納する棚を作ることはもちろん、重いものにも耐えられる強力タイプを使えば自転車までかけることもできます（172ページでも活躍）。

ラブリコ
（平安伸銅工業）
ジャッキを回すだけでしっかり固定できる。アジャスターにはアイアン製もあり，カッコいいインテリアを目指している部屋にもピッタリ。写真は強力タイプ。

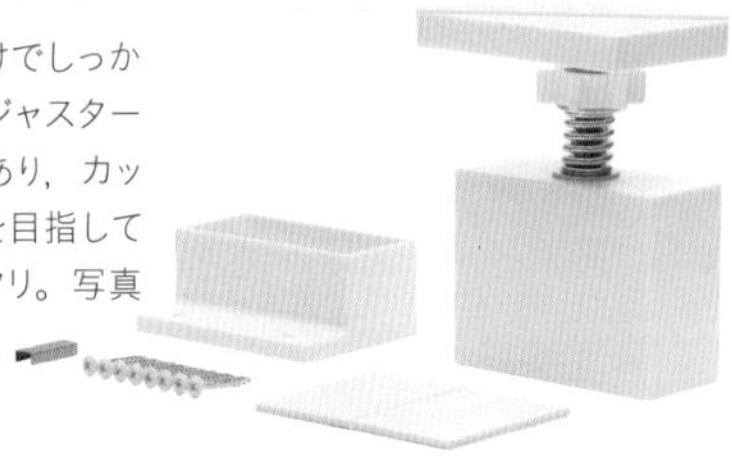

ウォリスト
（和気産業）
天井と床に突っ張る器具「突っ張りジャッキ」が特徴。ホームセンターに売ってるSPF材2×4で強度のある棚づくりが可能。

ウォリスト　ツーバイ材専用壁面 突っぱりジャッキ 黒 WAT-001使用。ジャッキ+バネの力で立てた後の安定感は抜群。

ラブリコ　強力タイプ 2×4アジャスター オフホワイト
2×4 強力突ぱりキャップ EXO-1【最大使用荷重40kg】

ラブリコ　アイアンシリーズ。2本の柱の間に渡せるロッド（別売）を活かせば服を引っ掛けるスペースづくりに活躍。

収納から飾りまで
穴の目立たないウォールフック

原状回復不要、目立たない傷しかつかない商品は各社いろいろ開発されています。絵をかける、飾り棚を設置するなどは賃貸だからといってあきらめないで！ 設置は簡単ですが、使用前に取り付けたい壁の下地と打ち込む角度はをよく確認しましょう。

Floreat Wall Hooks ブラス
(MATERIAL)
アンティークフレームなどをディスプレイする際にもよく映えるフック。釘頭は丈夫な真鍮製。鋼製の釘は細く、壁には小さな穴しか残らない。

壁美人使用例。

壁かけ用ネジ　虫ピン　ホチキス

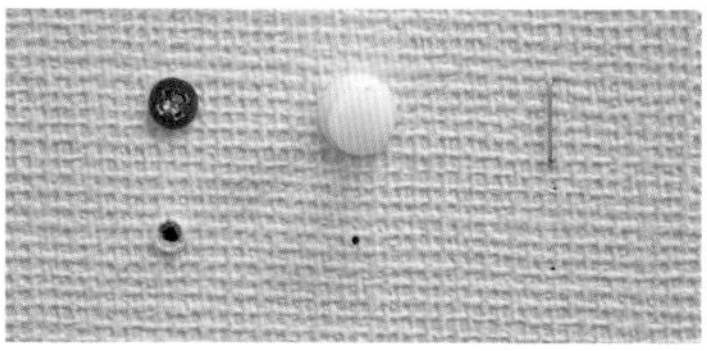

壁美人
(スタープラチナ)
石膏ボード専用の金具。壁掛け収納をホッチキスだけで固定するので傷跡はほんとど目立たない。壁に掛ける家具のサイズ・重さによっていくつものバリエーションがある。テレビを設置する専用金具も人気。

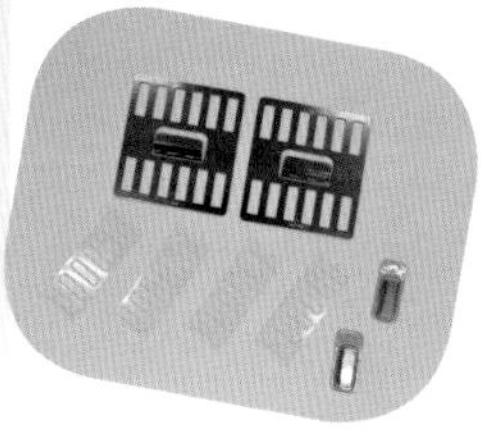

memo

水に強いフィルムテープで浴室も自分好みに

浴室を自分好みにするのは難しいと思うなかれ！ 水に強いフィルムテープならパネル壁に貼ることができるんです。洗面所の壁や鏡、洗面台の周りなどでも、自分らしい空間を演出することができる便利アイテム。カッターで簡単に切ることができるのでDIY初心者でも安心です。

インテリアフィルムテープ
(MATERIAL)
100mm フラワー／ブラック

探そう 交渉しよう

実は DIYできる物件はある

昨今は不動産屋さんに足を運ばずとも、インターネットで物件を探せて便利になったと多いきや、知らないと検索することができない、というジレンマも。また、契約時に上手に交渉するためにもコツがあるんです。

大家さんは長く、そして大事に住んで欲しいと思っている

　部屋を探すときにインターネットの不動産検索サイトで探す人が多いはず。賃貸物件情報サイトの中には、「DIY可能」という条件をかけて検索できるようになっているものもありますので、まずはそれを利用しましょう（→176ページ）。また、新築ではないなら、どんな物件も交渉の余地があります。特に築年数が経っている古い物件は狙い目です。

　部屋を借りる立場の人が知っておくと良いこと、それは大家さんの気持ちです。募集広告にDIY可能と書くと、部屋をめちゃめちゃにされてしまうのではないか？　と心配している大家さんは少なくありません。もし、少し手を加えたいと思ったら、どこをどれくらい手を加えるつもりなのか、最初に具体的に伝えておくと、交渉がうまくいきます。

　大家さんは長く住んでくれる入居者を歓迎します。空室のリスクが減りますし、退去時のクリーニングやリフォームなどの費用も抑えられます。自分で手を加えて住みたい人は、長く住むつもりである、とも考えられます。

　また、工夫しながら住むことを知っている人は「暮らし偏差値」が高い人であることもわかってきました。部屋を過剰に汚すことなく、大事に住んでくれる可能性が高いのです。大家さんも管理会社も、部屋をきれいに使ってくれる人に貸したいと思っています（短期間しか住まなかったのに退去後の室内がカビやホコリで汚れてひどい状態ということは珍しくないトラブルです）。気に入った部屋が見つかったら、そんな大家さんの気持ちを想像しながら、部屋を気に入っていることも伝えつつ、上手にアピールすると良いかもしれません。

memo

対大家さん、管理会社 交渉術のポイント

1 イメージを伝えよう
変なことはしないということをわかってもらうため

2 施工の安心感を伝えよう
材料選びややり方など危ないことはしないとアピール

3 資料を用意しよう
DIYの許可は管理会社から大家さんへ申請する。管理会社からすると、空室を埋めたりクレーム処理などの業務で多忙なところ、大家さんに説明することになる。早くスムーズにOKをもらいたいなら、先の1、2を説明する簡単な資料つき手紙を用意するのがベスト。以下のような項目が含まれていると交渉成立しやすい。

項目案
- 快適に暮らしていることのお礼
- やりたいDIYと、その理由（便利にしたい、好きなデザインにしたいなど）
- 使いたいDIY材料の情報（メーカー、型番、画像など）
- 退去時に原状回復せず、そのまま残したいこと
- 次の入居者にもプラスになること
- 安心してもらえる施工のやり方を行うこと

物件例1

DIYのプロ集団のサポートを受けながら自分好みの内装に

失敗を怖がらないで挑戦できる DIY実施ルール付き1LDK

大家さん指定のカタログの中から、好きな壁紙を選ぶことができるほか、DIYの専門家に相談できるサポートもついている部屋。入居後、1日DIY講座がある上、その後もLINEやメールで相談することができるので、失敗してもリカバーすることができるので不器用でも安心だ。

トラブルにならないよう、事前にDIYのルールを明確にしていることも安心材料。「申請なしでDIY可能」「応相談」「実施不可」とわかりやすい一覧表が用意されている。

中でも嬉しいのは押入れの改造が許されていること。クローゼットにしてもよし、ワークスペースにしてもよし。DIYの魅力を存分に味わえるリノベーション好きにもってこいの部屋だ。

（問い合わせ／ワクワク賃貸　wakuwakuchintai.com）

上）奥の壁に貼るクロスは自分で選べる。
右）貼りかえ後
左）玄関扉も塗装、シートを貼る等可能。

物件例2

インテリアショップで選んだ壁紙を貼れるレトロかわいいアパート

すみずみまで自分好みにできる

坂田夏水プロデュースによるワンルーム。すでにウィリアムモリスの輸入壁紙が貼られ、パリ色のペンキで仕上げられたレトロかわいい内装になっているが、さらに自分で手を加えてもOK。Decor Interior Tokyo（東京・吉祥寺）の店舗で相談しながら条件にあった商品を選ぶことができる。壁紙も飽きたら貼り替えできる。

（問い合わせ／株式会社リベスト）

上）モリスの壁紙が主役。インテリアコーディネートが楽しくなりそうな部屋。
右）クローゼットも必見。もちろん自分好みの柄に変えられる。
左）気軽に貼り替えられるタイルステッカーがキッチンのアクセント。

- 材料費などかかる費用は自分で負担すること
- 退去時に施工上の不具合が出た場合は修理費用を負担するつもりがあること（想定している万一の場合の原状回復作業とおよその費用感も）
- お部屋が気に入っており大切に長く住むつもりなので、承諾して欲しいこと

大家さん必見

貸す側から考える 賃貸DIYの魅力

賃貸物件を探す若い人のニーズや動向を調べていくと、DIYやセルフリノベこそ、築年数が経過した物件の空室を解決する秘訣が隠されていることが見えてきます。大家さんにもぜひ知ってもらいたい情報です。

インテリアＳＮＳの人気は「自分好み」と「ＤＩＹ」

昨今はインテリアの分野でもＳＮＳが人気。部屋づくりの創意工夫を写真で投稿、共有するのが流行っています。インテリアに特化したＳＮＳもあり、一番人気のあるサービスでは月間２５０万人が利用していると言われます。

中でも人気のあるテーマは「いかに自分好みにするか」と「ＤＩＹ」。ホームセンターや百円均一で購入したアイテムを駆使して仕上げた写真を投稿すると多くの反響があるそうです。刺激を受けた他の利用者がさらなるアイデアを投稿して盛り上がり、ネットの話題になります。それをみた多くの人が実際に真似をすることで流行が生まれます。ＤＩＹが可能な賃貸物件は、このようなＳＮＳを利用する人たちにとって、魅力的な要素になると言えるでしょう。

とはいえ、無法地帯にする必要はありません。ＤＩＹの専門家をアドバイザーにする、ＤＩＹ可能な壁をあらかじめ用意するなどの工夫で、トラブルを最小限に抑えることができます。入居前に、ＤＩＹ実施ルールを取り決めておくのもオススメです。

築年数が経過した物件こそＤＩＹニーズと好相性

空室が長期化すると、家賃を下げる、広告を出し続ける、追加の設備投資が必要になるなど、賃貸

RoomClip Award 2019

1位　自分スタイル
2位　小掃除（こそうじ）
3位　映え100均
4位　日本の古い道具
5位　浮かせる収納
6位　備えの災害対策
7位　ライフハックDIY
8位　ワントーンインテリア
9位　ランドリールーム
10位　チルアウトな一人暮らし

（インテリアに特化したＳＮＳサービス「RoomClip」が、写真数、アクセス数、検索数、いいね数、コメント数などのデータをもとに、2019年にもっとも注目された暮らしとインテリアのキーワードを選出。）

年　月　日

賃貸人	賃借人

（別掲）DIY実施ルール一覧並びにDIY特約

【DIY実施ルール一覧】

物件名・号室	カステル蓮沼　407号室
内装制限	内装制限はありません。

DIYルール	部位	DIY行為と、実施の際の注意点	備考（場所限定・施工方法など）
申請なしでDIY実施可	壁面	塗装	
申請なしでDIY実施可	壁面	シート貼り	
申請なしでDIY実施可	壁面	壁紙上貼り ※内装制限がない場所でのみ実施できます。	内装制限はないため全ての場所で実施できます。
申請なしでDIY実施可	壁面	壁紙貼り換え	LDKと洋室の指定の壁各1面の壁紙は、貸主指定のカタログから無料で選べ、施工サポートもあります。
申請なしでDIY実施可	壁面（戸境壁・浴室壁・キッチンパネルを除く）	ビス穴あけ ※給排水管・電気配線等を傷めないこと。下地が無い場所には適切なアンカー類を使用すること。分からない場合は専門家に相談すること。	
申請なしでDIY実施可	床	CF等上貼り	
申請なしでDIY実施可	キッチンセット扉	塗装	
申請なしでDIY実施可	キッチンセット扉	シート貼り	
申請なしでDIY実施可	キッチンセット扉	取っ手交換	
応相談	キッチンセット扉	板張り	
	洗面化粧台扉	塗装	該当箇所無し
	洗面化粧台扉	シート貼り	該当箇所無し
	洗面化粧台扉	取っ手交換	該当箇所無し
申請なしでDIY実施可	靴箱	塗装	
申請なしでDIY実施可	靴箱	シート貼り	
申請なしでDIY実施可	靴箱	取っ手交換	
申請なしでDIY実施可	室内木部	塗装	
申請なしでDIY実施可	室内木部	シート貼り	
申請なしでDIY実施可	室内木部	ビス穴あけ	
申請なしでDIY実施可	室内扉	塗装	
申請なしでDIY実施可	室内扉	シート貼り	
申請なしでDIY実施可	室内扉	ビス穴あけ	
	襖	枠・取っ手塗装	該当箇所無し
	襖	貼り替え・上貼り	該当箇所無し
申請なしでDIY実施可	押入れ内部	塗装	
申請なしでDIY実施可	押入れ内部	シート貼り	
応相談	押入れ内部	中板を外す等の改造	
応相談	その他	間取り変更 ※専門家に建築法規を確認すること。	LDKと洋室の押入れを解体し、書斎にするなどの相談可。
	その他	増築 ※専門家に建築法規を確認すること。	該当箇所無し
応相談	その他	モザイクタイル貼り	洗面台周囲の壁に、モザイクタイルを貼ることができます。施主支給のタイルは無料、好きなタイルを購入していただくことも可能。施工サポート付き。

【DIY実施特約】

1. DIY実施ルール一覧に「申請なしでDIY実施可」と記載がある項目は、事前に貸主に申請することなしにDIYができ、賃貸借契約書の規定に関わらず賃貸借契約解約時の原状回復義務もない作業です。このとき賃貸借契約解約時にDIY部分の所有権は貸主に譲渡され、費用の精算もないものとします。
2. DIY実施ルール一覧に「応相談」と記載がある項目は、事前に貸主に申請し、承諾を得てからDIYを実施していただく作業です。原状回復、解約時の所有権の取り扱い、精算の有無については貸主の承認後、別途取り決めるものとします。
3. DIY実施ルール一覧に「実施不可」と記載がある項目は、貸主に相談いただいてもDIYをすることはできない作業です。
4. 建築基準法、消防法等の法令に違反するDIYは実施できないものとし、責任をもって判断ができない場合には必ず専門家に相談するものとします。万一法令に違反するDIYを実施したことが判明した場合には、借主は貸主の求めに応じ、直ちに借主の負担で原状に復するものとします。

「申請なしで自由にできる項目」「相談可能な項目」「絶対ＮＧな項目」などを一覧表にした書類。（出典／ワクワク賃貸）

経営を圧迫する問題が発生します。競争力が低下した築古物件はなおさらです。

また、部屋を大事に使う、質のいい入居者に長く住んでもらうことも賃貸経営では大事なポイントだと思います。住む人次第で、退去後のリフォーム費用が大きく変わるからです。DIYに興味のある入居者は、自分の部屋を居心地よくすることに関心がある人たちです。部屋を異常に汚すなどの心配はありません。入居者のニーズを調べると、家賃は譲れないものの、築年数は妥協できると考えていることもわかっています（グラフ1参照）。

このような理由から、築古の物件こそ、DIY可能という選択肢は相性がいいと考えられています。2016年4月から、国土交通省も有効な空室対策として、「DIY型賃貸借」を後押ししています。170ページから紹介する例では、DIY可能にしたことで満室＋家賃アップに成功しています。

築年数経過とともに起こる様々な問題

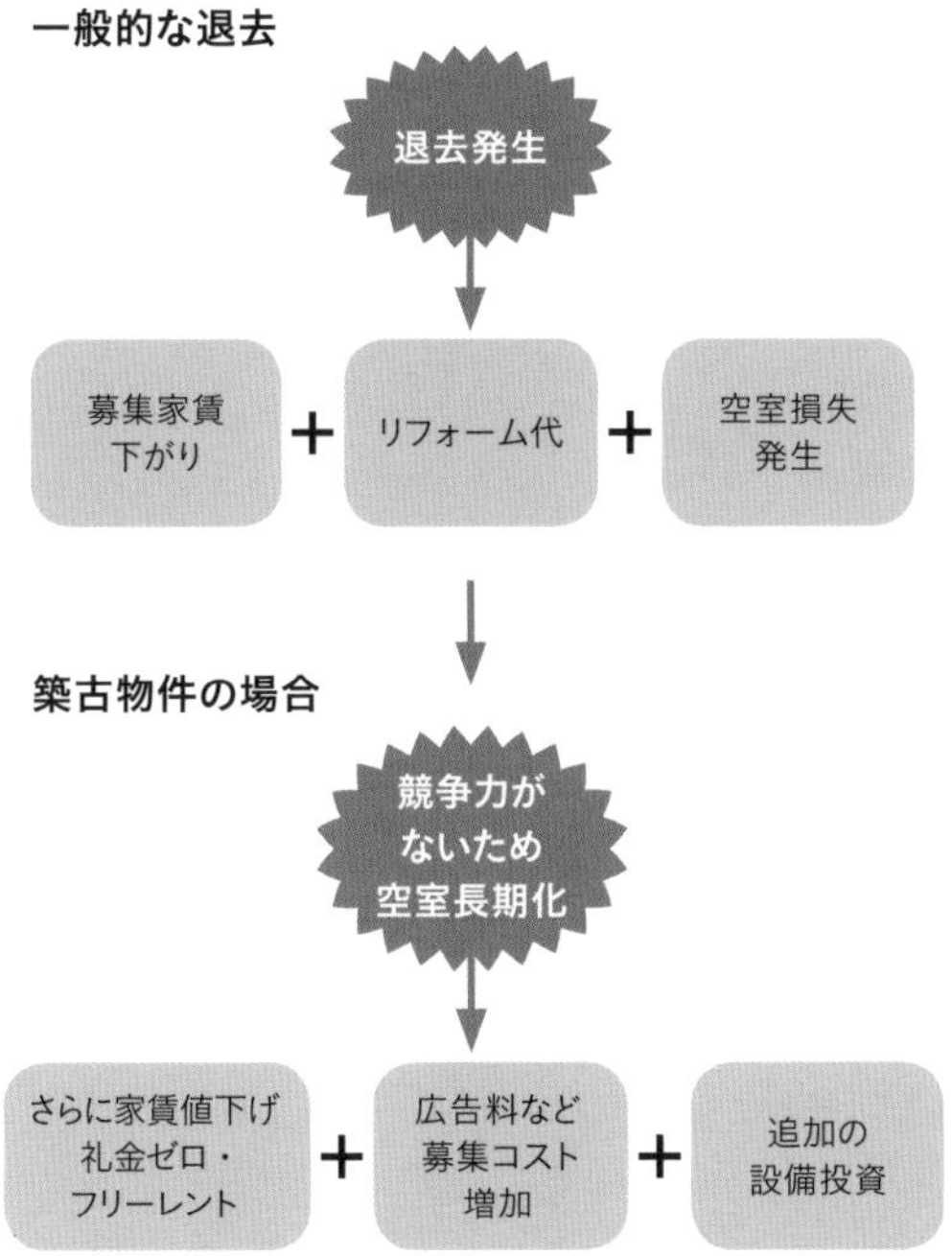

グラフ1　入居物件決定の際の【決め手】×【あきらめた】項目〈上位20項目〉/ポジショニングマップ

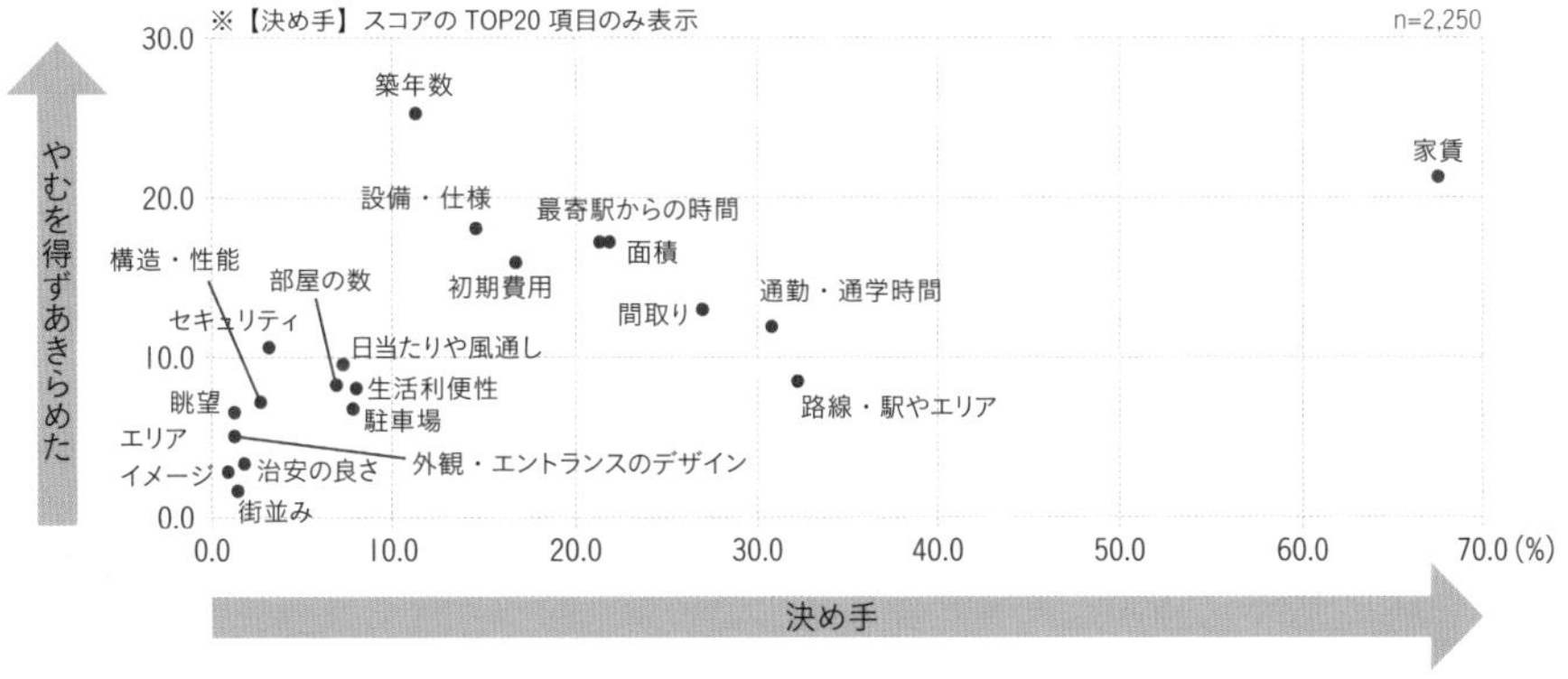

入居物件の決定の際、「築年数」は決め手条件になりにくいが、あきらめた条件になりやすいことがわかる。そのほか「家賃」は決め手条件にも、あきらめた条件にもなりやすい一方、「路線・駅やエリア」は決め手条件になりやすいが、あきらめた条件にはなりにくい。（出典／リクルート住まいカンパニー　2017年度賃貸契約者にみる部屋探しの実態調査）

グラフ2　実施したことがあるリフォーム内容〈上位10項目〉

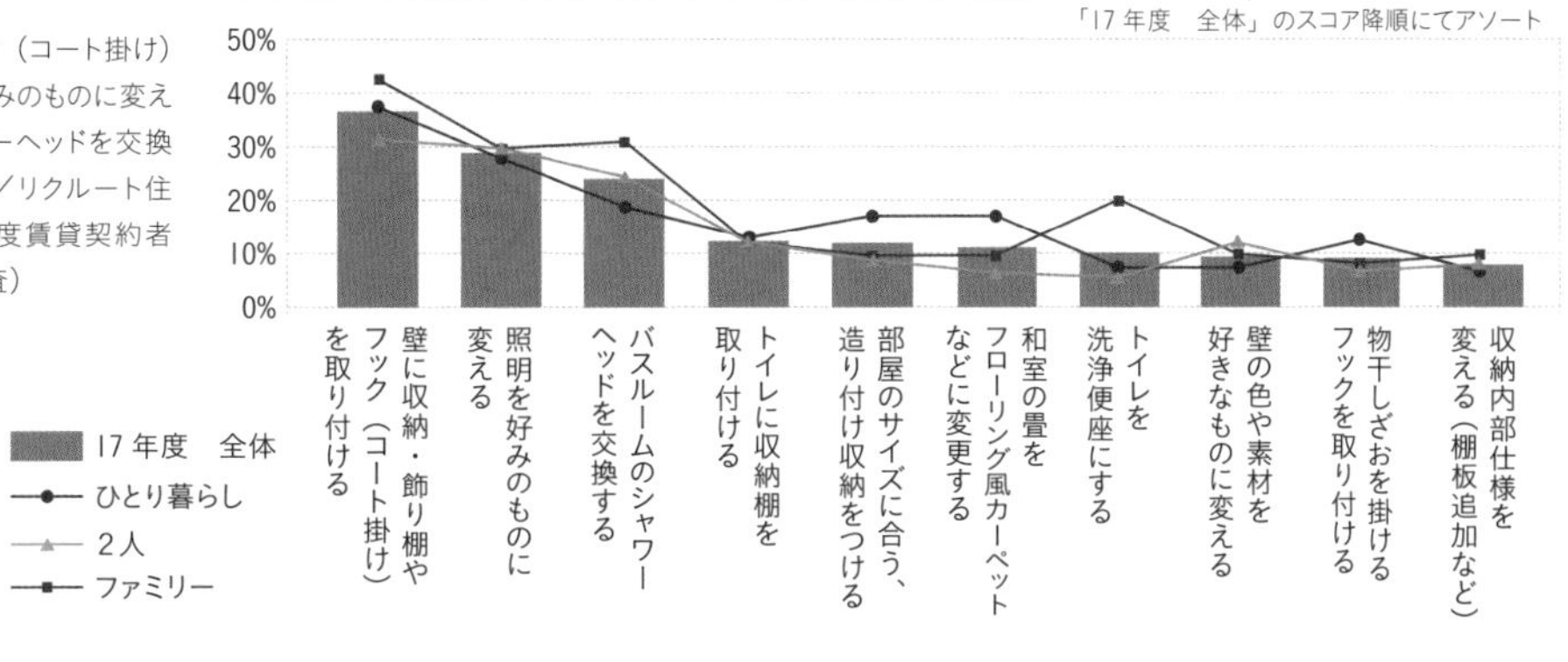

「壁に収納・飾り棚やフック（コート掛け）を取り付ける」「照明を好みのものに変える」「バスルームのシャワーヘッドを交換する」がトップ3。（出典／リクルート住まいカンパニー　2017年度賃貸契約者にみる部屋探しの実態調査）

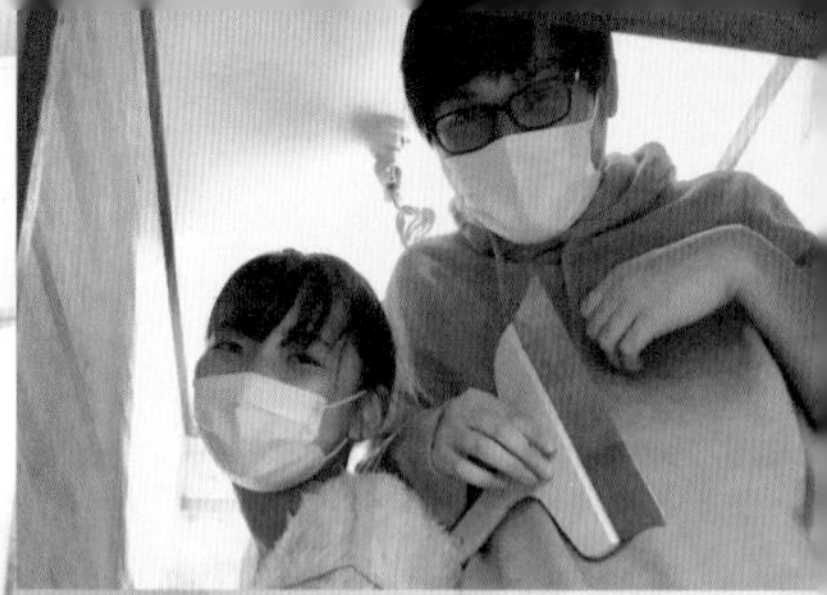

満室 & 家賃1万円アップも夢じゃない !!

賃貸DIY成功物語

築40年、空室だらけで高齢者が多かったマンションが、DIY可能物件にした途端、20代のカップルや若いファミリー世帯が続々入居してくる人気マンションに大変身。大家も入居者も幸せになった「本多マンション」の事例を紹介します。

協力／ハウスメイトパートナーズ

DIY可能壁とサポート体制 好みの部屋が 作れる仕組みが万全

本多マンションは、DIY可能な賃貸物件の心配な点をクリアするべく、上手に仕組み化しています。

まず、入居時にDIYできる箇所を決め、その部分の原状回復は不要としています。追加のDIYについては都度相談。たとえば洗面所に追加で棚を設置したい場合、建物構造上問題がないか、退去時にそのまま残置するのか、もし撤去するなら穴は原状回復するのかなど、都度話し合って決めていきます。

基本的な内装DIYの材料は全て、Decor Interior Tokyo で購入することも条件にしました。入居者が選べる材料は、ペンキ4缶・輸入壁紙2面・クッションフロア2部屋分・襖紙2面・キッチン正面のモザイクタイル。事情をよくわかっている店員と相談しながら選べる上、はじめてDIYする入居者にとっても安心です。

加えて、LDKと洋室には穴あけ自由なDIY可能壁を用意。壁の下地を気にせず、どこでもビスが効くようにするため、壁裏一面に12ミリの構造用合板を貼っています。入居後も、収納や飾りなどを自分で手を加えられるようになっているのです。

極めつけは、マンションの101号室にDIYのプロ集団のスタジオを誘致したこと。事前に相談しておけば、道具も貸してくれますし、DIYも手伝ってくれるのです！　この頼もしいサポート体制も大家、入居者ともに安心できるポイントと言えるでしょう。

水回りが新品なのもポイント

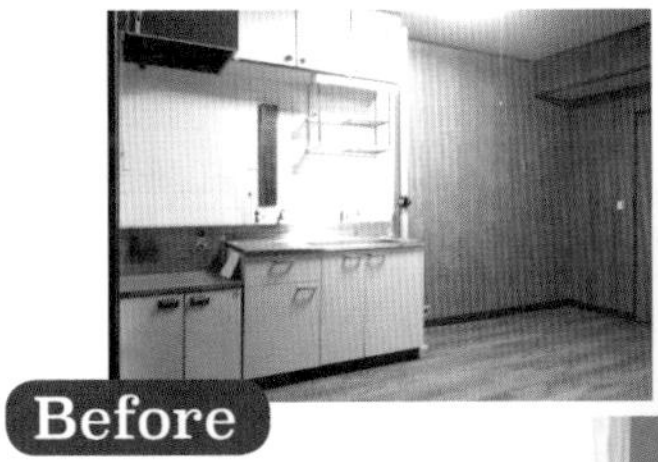

新品のシステムキッチンに交換済みの台所。正面は好きなモザイクタイルを貼ることが可能。トイレと浴槽も新品にしてある。

景山さんの場合

景山暁生・萌子さん

二人でペンキを塗りあげておしゃれなダーツカフェ風に

景山さんご夫妻は、ともに競技用ダーツが趣味。ブルックリンスタイルのおしゃれなダーツカフェをイメージしていたことから、木目調の輸入壁紙を選んだそう。LDKが12・4畳あるため、競技用ダーツのルールである「ボードから237cm」の距離も取ることができ、家でも十分練習できるとのこと。

ダーツボードはダーツが刺さる衝撃が響かないように、壁にピンで止めるのではなく、上下に突っ張るツールで作った2×4材の柱に取り付けました。この柱をダークブルーにペイントしたことで、部屋がぐっと引き締まって見えます。ひと手間DIYがアクセントとして効いている好例です。

上）LDKの奥の壁紙は木目調の輸入壁紙。柄合わせに苦労したのもいい思い出に。大好きなナマケモノグッズがふたりらしいアイテム。　左）ソファ奥と入り口の壁は夏水組ウォールペイントの「リードゥヴァン」を選んだ。強い色だが派手すぎず、おしゃれな家電が映える背景に仕上がっている。白い扉の中は収納。元押入れなので物がたっぷり入る。　右）トイレも築40年とは思えない雰囲気。本当におしゃれなお店の中にいるよう。景山さんのアイデアでペーパーホルダーをドアにつけるという斬新な工夫も目を引く。

津島さんの場合

津島大地さん

憧れの家具が映える理想のモノトーンスタイル

使うペンキは4色選べる、というルールの中で、「ダークグレーとライトグレーの2色を倍量使うことにしました」と語る津島さんは、モノトーンにこだわって内装をDIY。北欧家具が似合う洗練された部屋を目指す作戦が、見事に成功しています。

入居後もDIYに積極的。DIYアドバイザーと一緒に取り付けた憧れの照明はこの部屋の主役。さらに壁下部の巾木部分を、ライトグレーに塗り替えたり、洗濯機の上に収納棚を作ったりと、理想の部屋を作り続ける暮らしを楽しんでいます。

上）テレビ台はBo concept、ローテーブルはHAYのもの。印象的な照明は、セルジュ・ムーユのリプロダクト。デザイナーズ家具がここまで似合う部屋になったのもこだわり抜いた成果。床のモルタル風フロアタイルは入居者が選べない部分だったが、使用される素材をメーカーのショールームまで確認しに行ったという。　右上）壁紙は漆喰風の模様がついた国産壁紙。重いので貼るのに苦労したそう。右）洗濯機の上にぴったりの収納棚を自作。ここで暮らすことでDIYスキルがどんどん上達している様子。　左）キッチンのモザイクタイルもアイボリーを選択。置かれた道具も妥協なし。

小山さんの場合

株式会社 M's vision
小山奈都美さん

菓子製造できる工房にするため
DIYで保健所の条件をクリア

ネットでグルテンフリーのお菓子を製造販売している小山さんが探していたのは工房にできる部屋。保健所から「菓子製造業」の許可を取るにはいくつか条件があり、最も難題だったのは2層シンクを設けること。この部屋はDIY可能な上に、点検口が良い位置にあったため、キッチンの横に、ホースを目立たせることなく設置することができました。

入居時に壁紙貼りやペンキ塗りに挑戦したことがきっかけでDIY熱が盛り上がった小山さんは、入居後キッチンカウンターも自作。余ったペンキを活かしたおかげで、部屋との相性ぴったりの家具に仕上がっています。

NYの工房をイメージし、ワークスペース周辺にはレンガ風の輸入壁紙を選択。LDKで使ったペンキと壁紙はトイレでも絶妙の組み合わせで登場する。「遊びに来る友だちからもよく褒められるんです」というのも納得の可愛さです。

上左）LDKは販売する菓子の撮影もするスペースなので全体を明るい空間にすべく、床も壁も白にこだわった。床は木目調のフロアタイル。上右・右下）カウンター前面の飾りは100均で購入したポスターフレーム。3つ並べたカラーボックスの上に耐震マットを敷き、天板をのせただけとは思えない仕上がり。下右）茶色いワックスを塗ったモールディングがうまく活かされたトイレ。

DIY アドバイザー 石井さんのスタジオ

合同会社クラディ
石井麻紀子さん
https://kladiy.com/

ＤＩＹ可能物件の理想
入居後も相談できるサポート体制

石井麻紀子さんは本多マンションを始めとするＤＩＹ可能物件で入居者のＤＩＹをサポートするアドバイザー。入居前の壁紙貼り、ペンキ塗りを一緒に施工してくれるだけでなく、入居後「ここに棚をつけたい」「この壁を塗り替えたい」などの相談にものっています。建物の構造や壁下地を知っているからこそ的確な回答ができる石井さんは、入居者はもちろん、大家さんにとっても頼もしい存在です。

　同マンション内にＤＩＹスタジオを構え、丸鋸などの道具を貸してくれたり、シーリング材など細々とした材料の販売もしてくれます。自分好みに手を入れたい入居者が集まっているので、ＳＮＳやYouTubeから得たアイデアを再現すべく様々な相談が来る。一方で感じるのは下準備についての知識がないこと。

「ガタガタのまま塗らないとか、目立つ穴を塞いでおく、などのひと手間で仕上がりがきれいになる。その段階をアドバイスすることが多いですね」と教えてくれました。

　賃貸で内装に手を入れられる物件はまだ少ないですが、ここでの経験はいつか家を購入する時に役に立つことでしょう。

「買ったものでは得られない満足を知ること、そのための最低限のスキルを身につけることはそのまま生きる力になります。今の若い人はネットでいろんなアイデアに出会っていますから、最初のハードルさえ低くして正しい知識をサポートしてあげれば、上手に住み継いでくれると思いますよ」（石井さん）。

このスタジオには、壁紙貼りやペンキ塗りなどを練習できる一室も用意。DIY 学校もできる。

右）打ち合わせや講義を行う LDK の壁紙はイタリアのブランド、ミッソーニ。切り替え部分にはモールディングを入れる予定。床はフローリング調のフロアタイル。
下）DIY 道具やペンキなどが並べられた一室。一面に貼られた緑の国産壁紙が映える。

DIY できる

賃貸物件を探せるサイト

たくさんある賃貸物件サイトのなかで、DIY 可能な物件を検索できるサイトを紹介。自分らしい空間を作り込みたい人、居心地の良い部屋にこだわりたい人は必見!

※情報は 2002 年 10 月現在のものです

東京 R 不動産　realtokyoestate.co.jp/

こだわり物件と出会える不動産のセレクトショップ。物件検索で特徴を選ぶ際に「改装しよう」を選択すると、原状回復なし、または応相談の物件が一覧できる。少し古いけれど味わいのある物件、リフォーム前の物件を探しているならぜひ。

R-STORE　r-store.jp/

写真が豊富な物件サイト。こだわりを選択する際に「DIY・改装可能」を選択できる。そのほか、「お風呂を楽しむ」「秘密基地っぽい」「商店街が近い」「路地裏」「サーファー向け」などニッチなこだわりも条件として選択できる。

goodroom　goodrooms.jp/

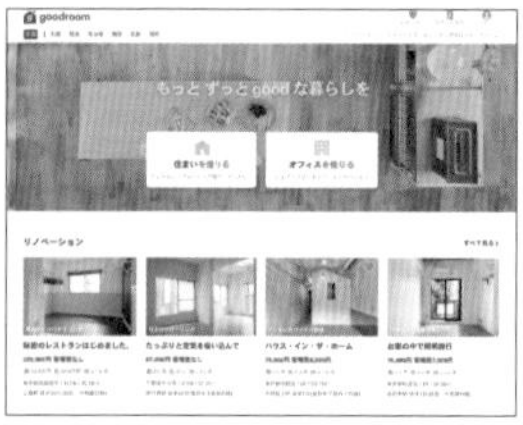

全国のリノベーション、デザイナーズ賃貸物件を、独自の掲載方法で多数ご紹介。こだわり条件からカスタマイズ可を選んで検索するとDIY 可能物件を探せる。そのほかオリジナルリノベーション「TOMOS」など、ここにしかない部屋が満載。

東京・吉祥寺周辺で探すなら

夏水組が吉祥寺で運営しているショップ Decor Interior Tokyo では、不動産会社リベストと協働で近隣の DIY 可能物件を紹介。原状回復の有無など物件の条件に合わせて知識のある店員と相談することもできる。住み始めてから手を加える時にも頼りになるのでおすすめ。

リベスト　libest.co.jp

DIYP　diyp.jp/

改装可能な賃貸物件だけを集めた不動産紹介サイト。自分らしく作り込める自由度が高い物件ばかり。我こそはと腕をふるいたい DIY の達人にぴったり。首都圏以外でも北海道や大阪京都、石川、福岡などの地域の情報も掲載。

REISM (リズム)　re-ism.jp/

リノベで再生させた中古物件を紹介するサイト。アーバンサーフやネオカントリー、シャビーシックなど、好みのスタイル別に検索でき、こだわりが強い人向き。ペイント & 釘打ち OK なカスタムウォールを設置した Rough シリーズはプチ DIY が可能。

ワクワク賃貸　wakuwakuchintai.com/

楽しいコンセプトのある賃貸住宅を紹介するウェブマガジン。「ワクワク賃貸物件集」の中にユニークで個性的な物件を数多く掲載している。DIY 賃貸推進プロジェクトも積極的に展開しており、法律関係のよくある疑問に応えるコラム記事も充実。

フローチャートでわかる

賃貸DIYガイドライン

178ページから始まるフローチャートは、賃貸住宅のDIYに際して、建築基準法と消防法における安全にかかわる法の規定をユーザー、大家さん、管理会社などの皆さんが把握できるようにガイドラインとしてまとめられたものです。

協力／一般社団法人HEAD研究会
（http://www.head-sos.jp/）

DIYガイドライン活用の前提

- 賃貸での DIY は、 貸主や管理会社に申請のうえ、 承諾を得て行うものとします。
- 建築基準法、 消防法その他安全を守る諸法規、 条例に違反することはいたしません。（本ガイドラインは、平成31年4月時点の各規定に基づきます。）
- 躯体、 外装（屋根、 外壁、 外部建具）、 共用部分などについては、 本書 DIY では変更しません。
- 隣家、 上下階や他の住民へ迷惑となる DIY、 柱型、 戸境壁へのビス打ち、穴あけ、 天井の撤去はいたしません。
- 電気工事や、水回りの配管に関わる工事を安全に行うには、専門の知識と技術が必要です。 工事資格者または専門業者に依頼しましょう。
- キッチンのコンロ、 レンジフード、 また湯沸かし器など火気使用する場所の周辺に可燃性のものを取り付けたり、 貼ったりすることは、 燃焼の危険があるので本書 DIY では行いません。
- 分譲された集合住宅の住戸の場合は、 その集合住宅の「管理規約」 がありますので必ずその内容に従いましょう。
- ガイドラインのチャートでは判別できないもの、 また内容で不明な点があれば、 資格を持った建築士（建設設計事務所や建設会社）や、 役所の建築審査の部署の担当などの専門家に相談し、 その助言に従ってください。

あなたのDIYしたい住戸は どのグループでしょうか。

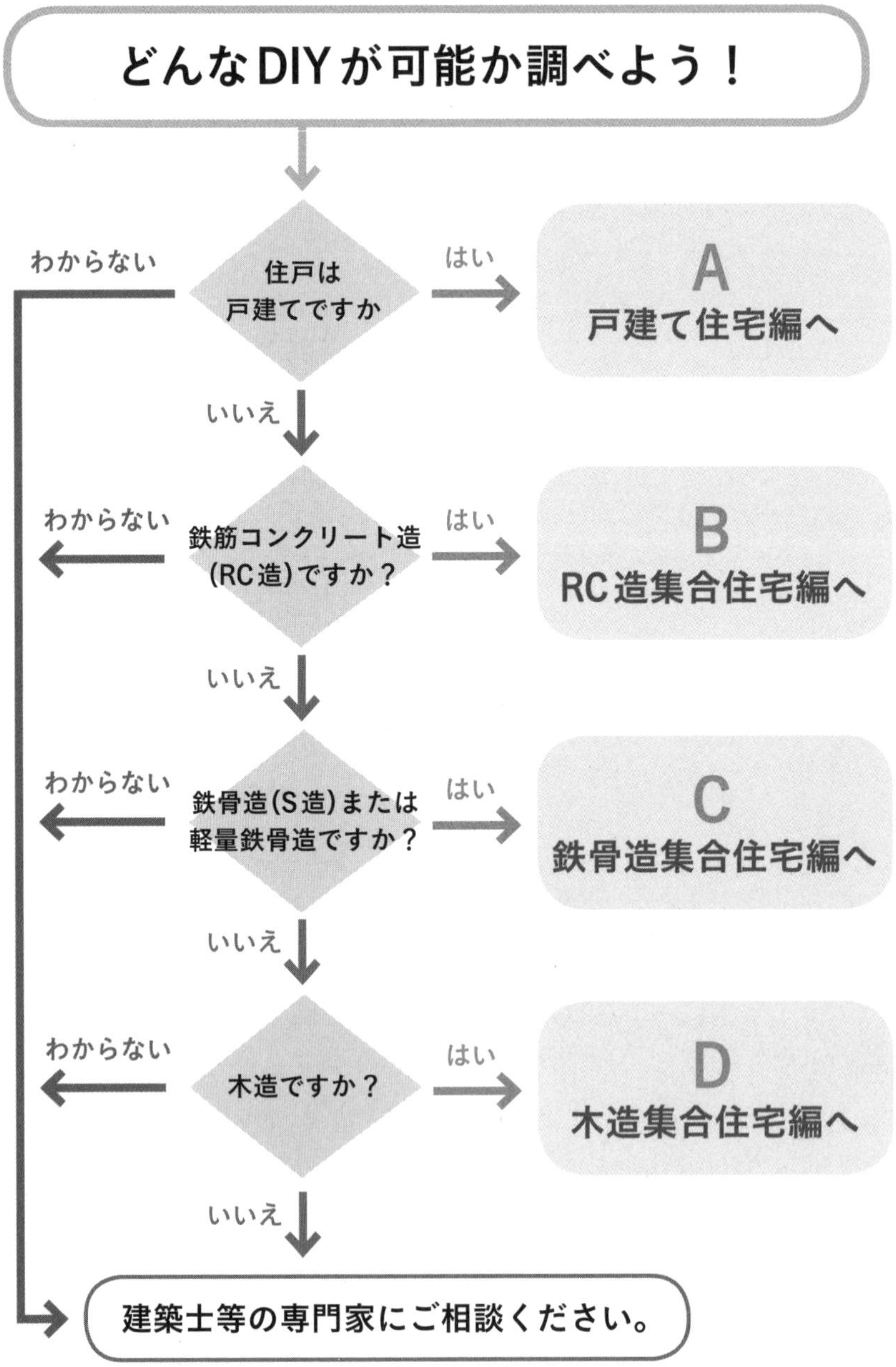

A 戸建て住宅編

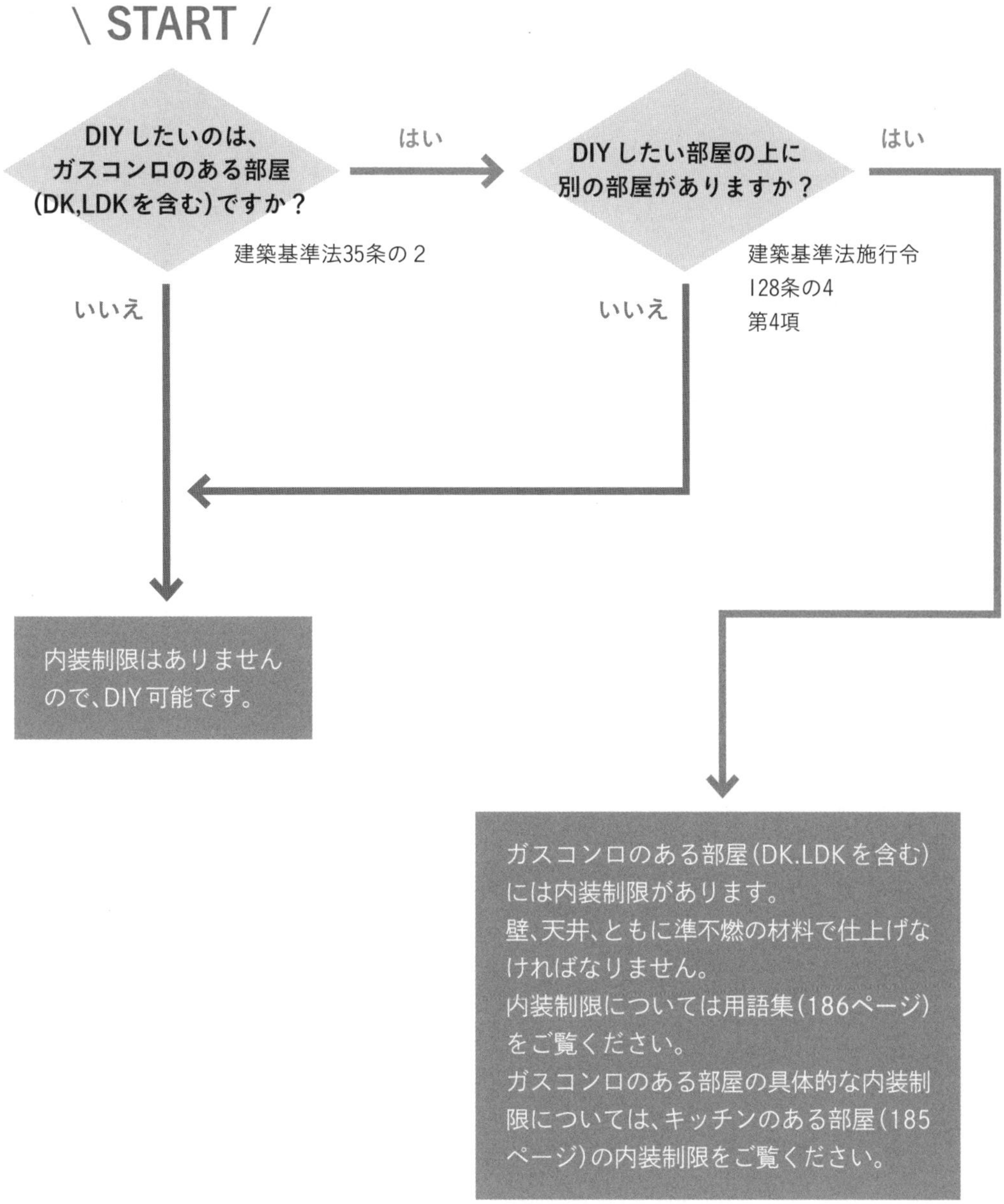
\ START /
DIY したいのは、ガスコンロのある部屋(DK,LDK を含む)ですか？
建築基準法35条の 2
はい
いいえ
DIY したい部屋の上に別の部屋がありますか？
建築基準法施行令128条の4第4項
はい
いいえ
内装制限はありませんので、DIY 可能です。
ガスコンロのある部屋(DK.LDK を含む)には内装制限があります。
壁、天井、ともに準不燃の材料で仕上げなければなりません。
内装制限については用語集(186ページ)をご覧ください。
ガスコンロのある部屋の具体的な内装制限については、キッチンのある部屋(185ページ)の内装制限をご覧ください。

B RC造集合住宅編

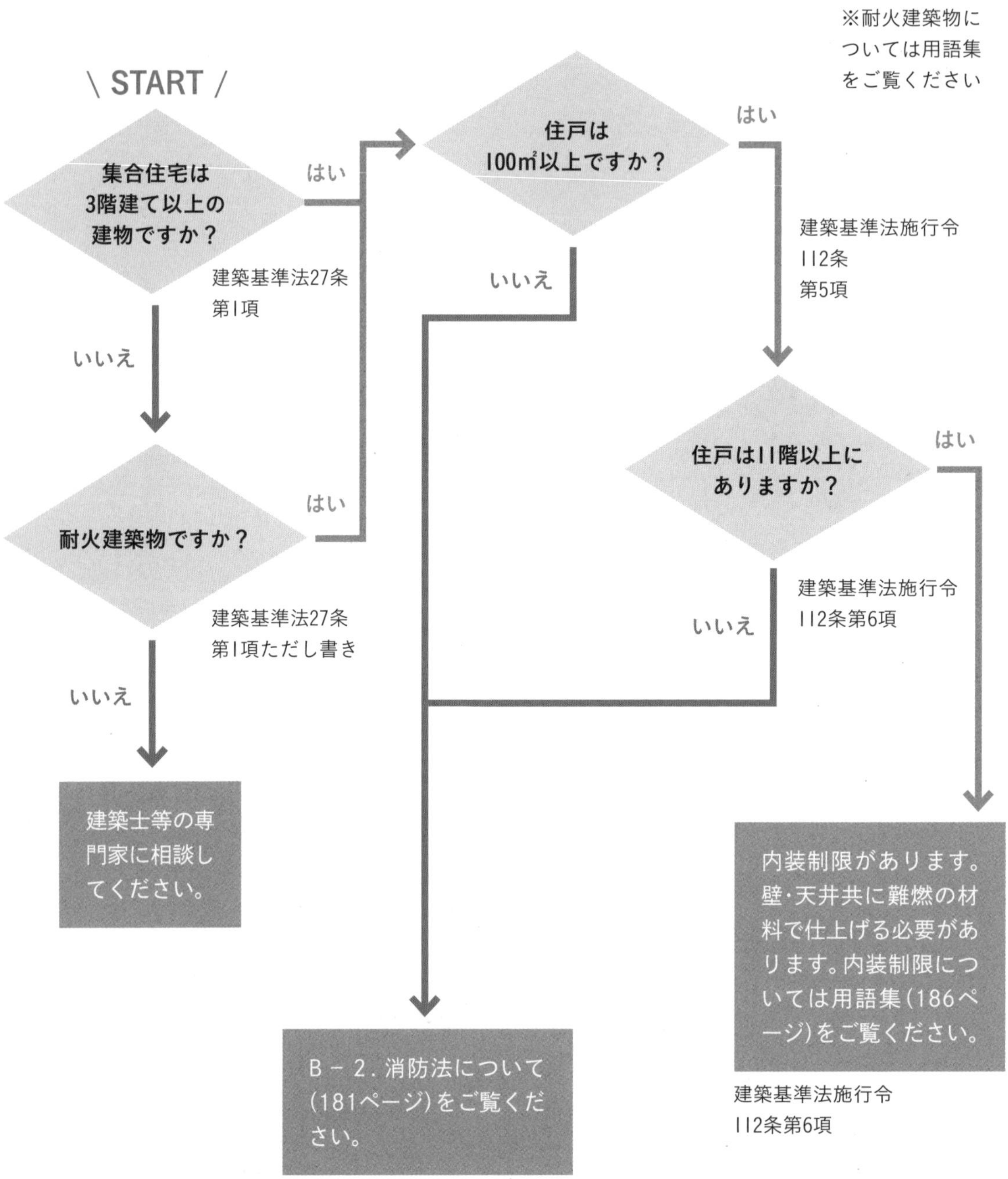

※耐火建築物について は用語集をご覧ください
\ START /
集合住宅は3階建て以上の建物ですか？
はい
建築基準法27条第1項
いいえ
耐火建築物ですか？
はい
建築基準法27条第1項ただし書き
いいえ
建築士等の専門家に相談してください。
住戸は100㎡以上ですか？
はい
建築基準法施行令112条第5項
いいえ
住戸は11階以上にありますか？
はい
建築基準法施行令112条第6項
いいえ
B－2. 消防法について(181ページ)をご覧ください。
内装制限があります。壁・天井共に難燃の材料で仕上げる必要があります。内装制限については用語集(186ページ)をご覧ください。
建築基準法施行令112条第6項

B-2 消防法について

（耐火建築物と規模から）

※延べ面積については、用語集（186ページ）をご覧ください。

＼ START ／

集合住宅全体の※延べ面積は2100㎡以上ですか？（消防法施行令11条第1項）

- はい → 内装制限はありませんので、DIY可能です。
- いいえ ↓

集合住宅全体の延べ面積は1400㎡以上ですか？（消防法施行令11条第1項）

- はい → 集合住宅に屋内消火栓は設置されていますか？
- いいえ ↓

集合住宅の4階以上の各階の床面積が300㎡以上450㎡未満ですか？（消防法施行令11条第1項）

- はい → 集合住宅に屋内消火栓は設置されていますか？
- いいえ → 内装制限はありませんので、DIY可能です。

集合住宅に屋内消火栓は設置されていますか？（消防法施行令11条第2項）

- はい → 内装制限はありませんので、DIY可能です。（消防法施行令11条第2項）
- いいえ → 内装制限があります。壁・天井共に難燃の材料で仕上げる必要があります。内装制限については用語集（186ページ）をご覧ください。（消防法施行令11条第2項）

※屋内消火栓

C 鉄骨造集合住宅編

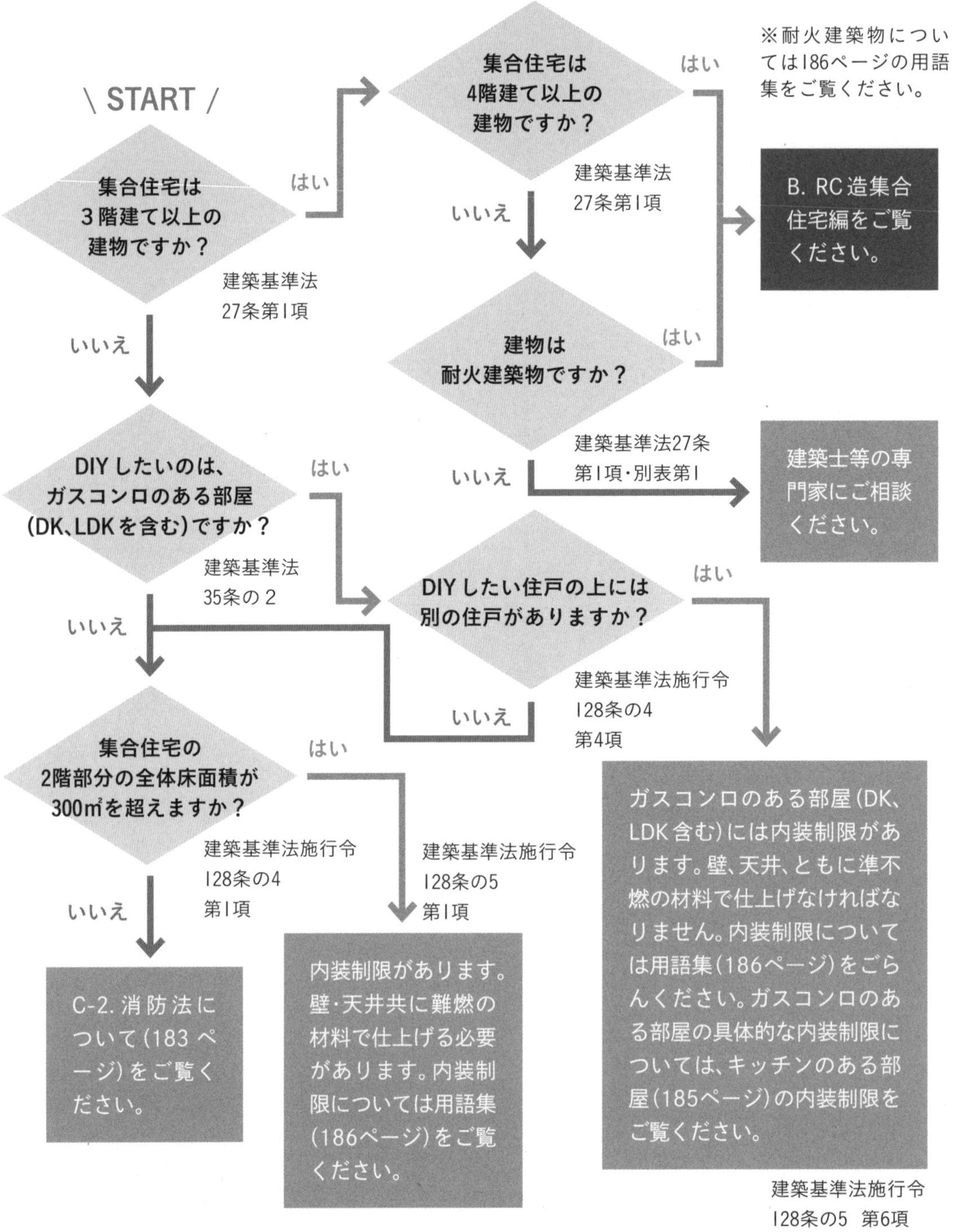
\ START /
集合住宅は
3階建て以上の
建物ですか？
建築基準法
27条第1項
はい
いいえ
集合住宅は
4階建て以上の
建物ですか？
建築基準法
27条第1項
はい
いいえ
※耐火建築物については186ページの用語集をご覧ください。
B. RC造集合住宅編をご覧ください。
建物は
耐火建築物ですか？
建築基準法27条
第1項・別表第1
はい
いいえ
建築士等の専門家にご相談ください。
DIYしたいのは、
ガスコンロのある部屋
(DK、LDKを含む)ですか？
建築基準法
35条の2
はい
いいえ
DIYしたい住戸の上には
別の住戸がありますか？
建築基準法施行令
128条の4
第4項
はい
いいえ
集合住宅の
2階部分の全体床面積が
300㎡を超えますか？
建築基準法施行令
128条の4
第1項
はい
いいえ
建築基準法施行令
128条の5
第1項
C-2. 消防法について(183ページ)をご覧ください。
内装制限があります。壁・天井共に難燃の材料で仕上げる必要があります。内装制限については用語集(186ページ)をご覧ください。
ガスコンロのある部屋(DK、LDK含む)には内装制限があります。壁、天井、ともに準不燃の材料で仕上げなければなりません。内装制限については用語集(186ページ)をごらんください。ガスコンロのある部屋の具体的な内装制限については、キッチンのある部屋(185ページ)の内装制限をご覧ください。
建築基準法施行令
128条の5 第6項

C-2 消防法について
(準耐火建築物と規模から)

※延べ面積については関連用語集(186ページ)をご覧ください。

\ START /

集合住宅全体の※延べ面積は1400㎡以上ですか?
消防法施行令11条第1項

はい → 内装制限はありませんので、DIY可能です。

いいえ ↓

集合住宅全体の延べ面積は700㎡以上ですか?
消防法施行令11条第1項

いいえ ↓ 内装制限はありませんので、DIY可能です。

はい → **集合住宅に屋内消火栓は設置されていますか?**
消防法施行令11条第2項

はい → 内装制限はありませんので、DIY可能です。
消防法施行令11条第2項

いいえ ↓ 内装制限があります。壁・天井ともに難燃の材料で仕上げる必要があります。内装制限については用語集(186ページ)をご覧ください。
消防法施行令11条第2項

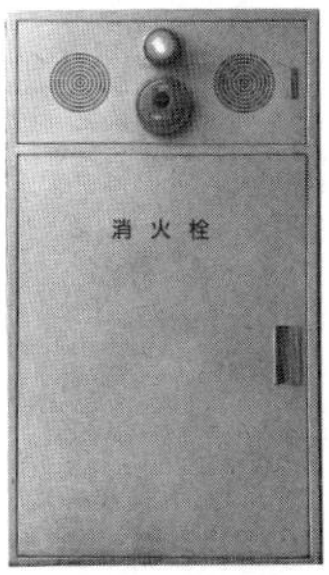

※屋内消火栓

D 木造集合住宅編

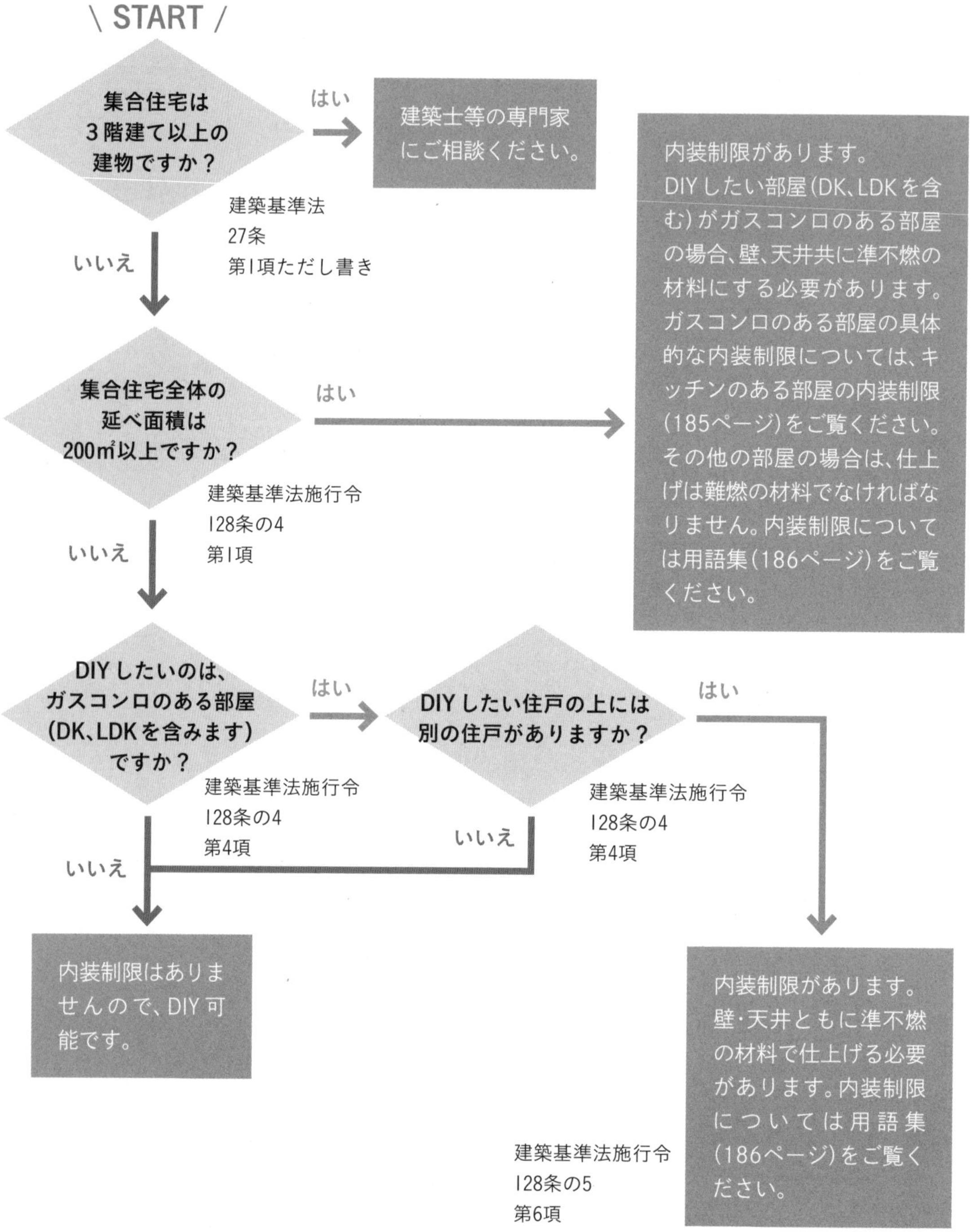
\ START /
集合住宅は
3階建て以上の
建物ですか？
建築基準法
27条
第1項ただし書き
はい
建築士等の専門家
にご相談ください。
いいえ
集合住宅全体の
延べ面積は
200㎡以上ですか？
建築基準法施行令
128条の4
第1項
はい
内装制限があります。
DIYしたい部屋（DK、LDKを含む）がガスコンロのある部屋の場合、壁、天井共に準不燃の材料にする必要があります。
ガスコンロのある部屋の具体的な内装制限については、キッチンのある部屋の内装制限（185ページ）をご覧ください。
その他の部屋の場合は、仕上げは難燃の材料でなければなりません。内装制限については用語集（186ページ）をご覧ください。
いいえ
DIYしたいのは、
ガスコンロのある部屋
（DK、LDKを含みます）
ですか？
建築基準法施行令
128条の4
第4項
はい
DIYしたい住戸の上には
別の住戸がありますか？
建築基準法施行令
128条の4
第4項
いいえ
いいえ
内装制限はありませんので、DIY可能です。
はい
内装制限があります。
壁・天井ともに準不燃の材料で仕上げる必要があります。内装制限については用語集（186ページ）をご覧ください。
建築基準法施行令
128条の5
第6項

キッチンのある部屋の内装制限

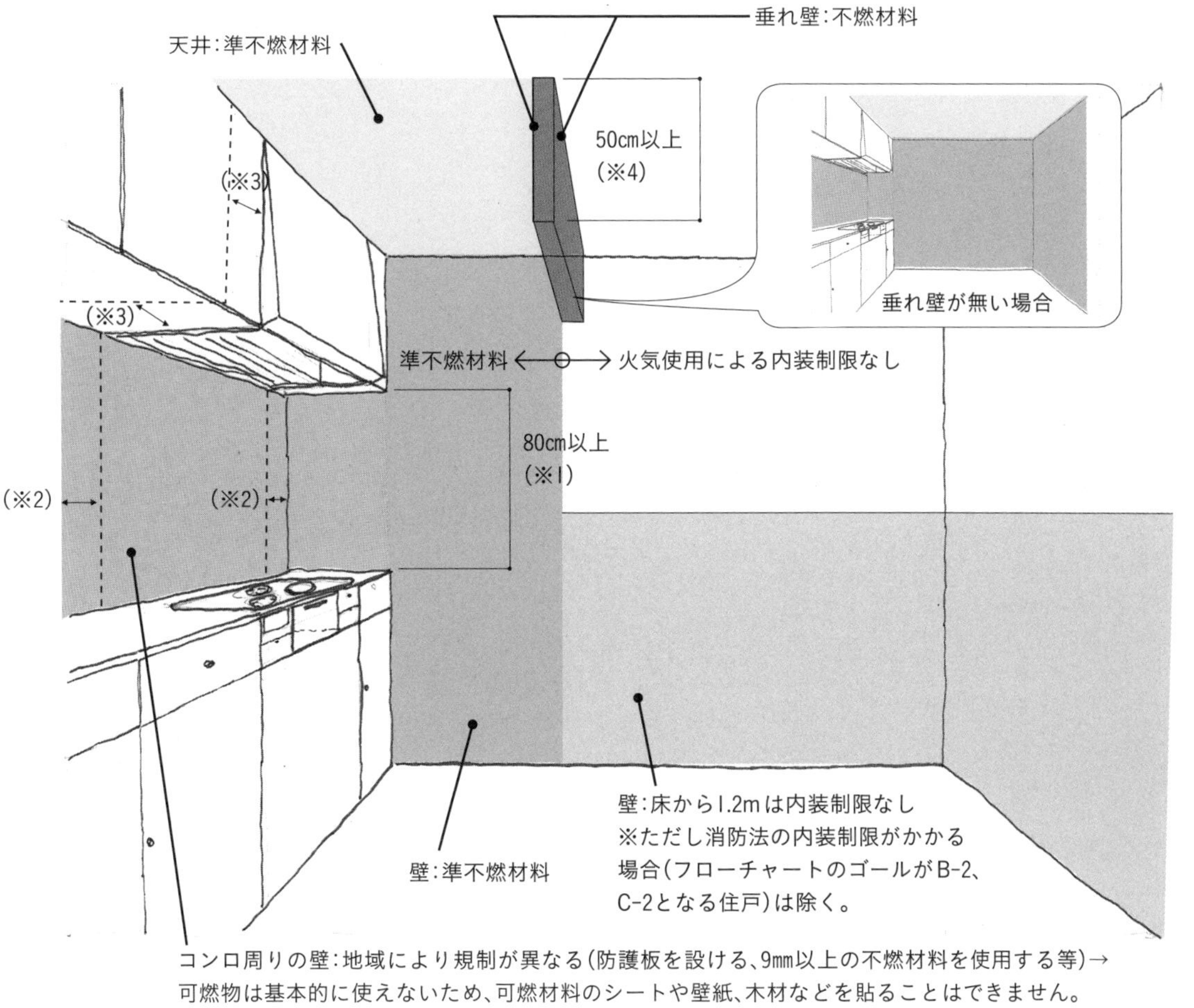

特記事項(※1〜※3についてはフローチャートのゴールが「内装制限はありません」になった住戸も関係がありますのでよく確認をしてください。)

※1:コンロ上端からレンジフードのグリースフィルターまでの距離に制限があります。都道府県の火災予防条例で離隔距離は変わるので、確認が必要です。

※2:コンロ上方の空間からの離隔距離によって、■の壁は9mm以上の不燃材料とする(東京都の場合)等の規制がかかる場合があります。都道府県の火災予防条例等によって規定が変わるので、確認が必要です。

※3:コンロ上方の空間から可燃物が一定距離(10〜15cm)の離隔が取れない箇所の壁は、9mm以上(東京都の場合)の不燃材料とする等の規制がかかる場合があります。

※4:コンロ周りを特定不燃材料とする等の一定の措置を講じることで、住宅用途に限り垂れ壁を無くすことができる場合があります。詳しくは都道府県の火災予防条例を参照してください。

※5:コンロの熱源がIHの場合、建築基準法上の火気使用室ではなくなるため、建築基準法の内装制限はかかりません。しかし、都道府県の火災予防条例等に規定がある場合はそちらを参照して下さい。不明な点は建築士等の専門家にご相談ください。

賃貸DIY関連用語集

原状回復義務

賃借人は、借りた物件を故意や過失で傷めてしまった場合には、退去時にそれを元に戻す義務があります。生活上通常と考えられる損耗や年数が経つことによる劣化は、誰が住んでも発生するものなので原状回復義務はありません。賃貸人との取り決めで、原状回復なしの特約を結ぶことも可能です。

敷金

賃貸物件を借りる際、家賃などの支払うべきお金の担保として、賃貸人に預けるお金のこと。退去時に未払いの家賃などを差し引いて返還されます。敷金０の物件の場合、支払うべきお金があれば退去時に別途請求となります。

下地

壁材を取り付けるための構造部材のことで、室内からは見えませんが柱状になっています。間隔は３０３㎜または、４５５㎜のことが多く、壁に何かを取り付ける場合は、この下地に向かってビスを打つ必要があります。

住戸

ワンルーム、２ＤＫ、３ＬＤＫなどの住居としての必要な機能を備えた一戸一戸のことです。

集合住宅

一棟の中に複数の住戸が集まっているものを集合住宅といいます。対して一棟に一つの住戸しかないものを戸建て住宅といいます。

耐火建築物

通常の火災が終了するまでの間、建築物の倒壊、および延焼を防止するために、主要構造部（柱・梁・最下階を除く床・壁・屋根・階段等）を必要な性能を持つと認定された耐火構造とするか、耐火性能検証法により耐火構造と同等の性能を持つと認定を受けた構造でつくられた建築物のことです。これらは外壁の延焼の恐れのある部分のある開口部も防火設備とする必要があります。一般に鉄筋コンクリート造、耐火被覆をした鉄骨造等が主になりますが、最近では木造で耐火認定を取った建築物があります。

内装制限

建物内部で火災が発生した際に、内装が激しく燃えて火災が広がったり、有害なガスを発生したりして、建物内部にいる人の避難が妨げられる状況になるまでに猶予を持つよう定められた内装の物質や処理仕上げに関する規定です。

逃げ遅れによって火災で人が亡くならないよう、無事に安全な場所まで避難する時間を確保することがとても重要です。

DIYを行う際に内装制限をきちんと守るということはその猶予を確保することで、万一火災が発生してしまった際に、自分や自分の同居家族だけでなく、同じ建物の別の住戸に住んでいる人や近隣に住んでいる人の命も守ることに繋がります。

内装制限が定められているのは壁と天井だけで床材には制限はありません。火は上に燃え広がる性質があるため、壁や天井の燃焼がより危険だからです。

延べ面積

建築物の各階すべての床面積を合計した面積数値のことです。通常、確認申請書の建築概要欄や、竣工図面にに示されています。建築の規模を表し、その規模によって適用される法規が変わります。

部屋

リビング、ダイニング、寝室、書斎など家屋の中のくぎられた空間のことです。

不燃材料・準不燃材料・難燃材料

火気にさらされたときに燃えにくい、加熱されたときに有害な煙やガスなどを発生させにくいなどの、不燃性能がある壁紙や床材などの材料のこと。不燃性能が高い、加熱してから燃え始めるまでの時間順に、不燃材料、準不燃材料、難燃材料となっており、部屋の内装制限の度合いに応じて使い分けなければなりません。

おわりに

前作の『セルフリノベーションの教科書』が発刊されてから3年。自分で選んで自分でつくるというセルフリノベーションの考え方は、以前にも増してテレビや雑誌、インターネットでもよく見かけるようになりました。

友人が週末のペイントワークショップを開催したり、退去後の賃貸物件を大家さん自らセルフリノベをして大成功したり、子どもの誕生日に壁紙を一緒に選んで家族みんなで貼ったり。そんなことが日常になりはじめています。不動産屋さんや大家さんも、住まい手のために良い住宅を提供することの意義とメリットを知り、セルフリノベーションできる賃貸物件も人気になってきました。

さて、これから3年後はどうなっているでしょう?

壁にペイントを塗る、または壁紙を貼ったことがあるか? という調査で、パリで57・5%、ニューヨークで46・9%、ロンドンで36・4%に対し、東京は3・3%でした（平成22年にリクルート住宅総研が行った、「世界の主要都市における入居後の部屋の模様替え、改修経験の調査」より）。当時、どうしてパリは過半数以上の人が体験しているのに日本は3・3%なのか? という問いに、不動産業界が理解してくれればパリの半分にはなるでしょう、と話していたのが懐かしいです。

今では、私の友人関係で過半数がセルフリノベ経験者といったところ。東京全体でみても、20~30%くらいにはなっているのではないかと思います。5人に1人という割合ですが、これからもっと増えてい

くでしょう。市場が変化すると消費の流れも変わりますので、不動産屋さん、大家さんの考え方もさらに変化してくると思います。

きっと3年後は、当たり前のセルフリノベーション。「え？ 料理したことないの？」というレベルで、「セルフリノベしたことないの？」という会話があったりして、セルフリノベ体験が特別なことではなくなる時代に⁉ その頃にはみなさん教科書がなくてもできるようになっているでしょう。ＳＮＳなどネットの世界でもさらに情報はあふれているでしょうから、セルフリノベーションの教科書は今回でおわりです！（笑）

とはいえ、最初にこの教科書を出そうと言ってくださった誠文堂新光社の柳さん、大量のデータ整理をしてまとめてくれた編集の田口さんのおかげで、日本だけでなくアジア圏の方まで読者は広がっています。国を超えて、住まいづくりが楽しくワクワクするものになったとしたら、これほど嬉しいことはありません。

食べものは身体を。着るものは個性を。家は人生をつくると思っています。

これからの自分の家について、この機会に考えてみてください。

書籍はセルフリノベのHow toを教える知識本ですが、私がみなさんに伝えたいのは、自分の家をどのように誰とつくっていくのかが大切ということです。豊かな家づくりは、人生も豊かにしてくれます。

２０２０年9月　坂田 夏水

株式会社ナガイ
https://www.nagai.co.jp/

プレイリーホームズ株式会社
https://www.prairie.co.jp/

株式会社ニッシンイクス
https://www.nissin-ex.co.jp/

株式会社サンゲツ
https://www.sangetsu.co.jp/

シンコール株式会社
https://sincol-group.jp/

株式会社スミノエ
https://suminoe.jp/

東リ株式会社
https://www.toli.co.jp/

アイエム株式会社
https://www.imdoor.com/

docolfa
https://decolfa.com/

株式会社アートワークスタジオ
http://www.artworkstudio.co.jp/

株式会社ディクラッセ
https://www.di-classe.com/

株式会社インターフォルム
https://interform-inc.com/

株式会社サンヨウ
https://www.sunyow.com/

平安伸銅工業株式会社
https://www.heianshindo.co.jp/

スタープラチナ株式会社
https://starplatinum.co.jp

和気産業株式会社
http://www.waki-diy.co.jp

写真提供・取材協力

パナソニック株式会社 ハウジングシステム事業部
https://sumai.panasonic.jp/

竹内様（北九州・若松 古民家）

織田学園（COFFRET）
https://oda-ac.jp/

アロック・サンワ株式会社
http://www.aroc.co.jp/

グローバル・ソリューションズ株式会社
（サレルノ百合ヶ丘）
https://www.gs-kanri.com/

株式会社グリップ（ローザ赤坂）
http://www.yk-glip.co.jp/

WAKU ＋ Gifu
https://www.waku-tasu.com/

くまもり食堂
https://tokyo.pegaschool.com/sakuhin/seito/site-201210/home.html

Decor Interior Tokyo
https://decor-tokyo.com/

株式会社リベスト
https://www.libest.co.jp/

株式会社ロードスター
http://www.lodestar-reform.net/

HEAD 研究会
http://www.head-sos.jp/

株式会社ハウスメイトパートナーズ
https://www.housemate.co.jp/

坂田 夏水（さかた なつみ）
Natsumi Sakata

1980年、福岡県出身。武蔵野美術大学建築学科卒業。建築事務所、工務店、不動産会社勤務を経て、2008年建築デザイン会社「夏水組」設立。中古物件のリノベーションや店舗の内装デザイン、商品開発、セルフリノベーションに役立つDIYショップ「Decor Interior Tokyo」の運営など、活動は多岐にわたる。主な著書に『セルフリノベーションの教科書』（誠文堂新光社）ほか。

STAFF

撮影　飯島裕　勝村祐紀
編集　田口香代
デザイン　宇江喜桜（SPAIS）　佐藤ひろみ

限《かぎ》られた予算《よさん》で家《いえ》・部屋《へや》・店舗《てんぽ》を
自分《じぶん》スタイルに変《か》える内装《ないそう》のアイデア
セルフリノベーションの教科書《きょうかしょ》プレミアム

2020年10月19日　発　行　　NDC527

著　者　坂田夏水《さかたなつみ》

発行者　小川雄一
発行所　株式会社 誠文堂新光社
〒113-0033　東京都文京区本郷3-3-11
（編集）電話03-5805-7762
（販売）電話03-5800-5780
https://www.seibundo-shinkosha.net/
印刷・製本　図書印刷 株式会社

ISBN978-4-416-62034-2